교양

한문강독 漢文講讀

한문강독

漢文講讀

교양

권명숙 편역

전남대학교출판문화원

■ 서 문

동서양의 문학을 막론하고 고전 명작이 주는 감동은 그 울림이 깊고 진하다. 특히 동양 문화권의 고전인 한문학은 긴 세월 동안 암송되고 익혀져 내려오면서 마치 끊임없이 솟아나는 샘물처럼 무한한 지혜와 감동을 선사한다. 그리하여 물질 중심주의 세상에서 쫓기듯 살아가는 우리의 혼탁해진 본성을 회복하는데 이만큼 좋은 학습자료가 없을 것으로 생각한다. 이 책은 그러한 공부를 위해서 우리에게 익숙한 최고의 한시와 감동이 있는 고사성어, 그리고 오랜 세월 동안 인구에 회자하고 있는 한문학의 명문들을 소개하고자 하였다.

예로부터 "시의 가르침은 온유돈후(溫柔敦厚)하며, 시는 천지와 귀신을 감동시키고(動天地, 感鬼神, 莫近於詩), 시는 소통이다(不學詩, 無以言)."라고 하였다. 특히 공자께서는 "시는 흥기 시킬 수 있고, 풍속을 살필 수 있으며, 무리 짓게 할 수 있고, 원망케 할 수 있다(詩可以興, 可以觀, 可以群, 可以怨)"라고 시의 기능을 강조하였다. 비록 이러한 경지까지는 아니더라도 한시를 읽는 인구가 조금씩 늘어나면서 우리 사회가 타인을 배려하고 존중하는 인간 중심의 사회로 회귀하기를 바라는 마음이다.

고사성어는 두 글자, 네 글자, 다섯 글자 등의 짤막한 표현 속에 수많은 의미를 함축적으로 담아내고 있다. 그리하여 글쓰기나 의사소통에 있어서 매우 유용한 표현수단이 될 수 있으며, 특히 동아시아 문화권에서는 고사성어 한마디가 상대의 마음을 흔들 수 있는 멋진 외교적 언어가 될 수도 있다. 고사성어가 유래하게 된 역사적 사실들도 흥미진진하다. 그리하여 옛이야기를 읽는다는 가벼운 마음으로 문법에 연연하지 않고 학습에 임한다면 자신도 모르는 사이에 한문과 가까워질 수 있을 것으로 믿는다.

명문의 한문학 작품은 오랜 세월 우리 조상들이 숙독했던 글들로 우리 생활과 문화의 저변 곳곳에 스며들어 있다. 만물이 생동하는 봄날 저녁에 "춘야연도리원서(春夜宴桃

李園序)"를 읽고, 연꽃이 만발한 여름날에는 "애련설(愛蓮說)"을 읽으며, 가뭄 끝에 단비가 내리는 날에는 "희우정기(喜雨亭記)"를, 가을바람이 소슬하게 느껴지는 날에는 "추풍사(秋風辭)"를 읽으면서 계절에 감응한다면 일상의 소박한 즐거움이 될 것이다. 그리고 야박한 세태 속에 살지만 "루실명(陋室銘)", "귀거래사(歸去來辭)", "적벽부(赤壁賦)" 등을 숙독한다면 안빈낙도의 깊은 즐거움을 체험할 수 있을 것이다.

한문학은 한자로 구성되어 있고, 한자는 인류의 가장 오래된 글자 중의 하나이다. 한 글자씩 가만히 들여다보면 뜻이 연상되는 뜻글자이면서도 서로 글자를 조합하다 보면 무한하게 낱말을 만들어 낼 수 있는 매력적인 문자이기도 하다. 이런 한자로 이루어진 한문학은 품사가 문장의 관계성 속에서 결정되는 특징이 있기에 이를 익숙하게 독해하는 일이 물론 쉽지만은 않다. 그렇지만 난해한 과제를 인내와 성실함으로 가까이하다 보면 어느새 독서백편의자현(讀書百遍意自見)의 경지에 이르게 되고 낭만적이면서도 매력적인 한문학의 숲에 빠져들게 될 것으로 생각한다.

2022년 7월

연어당(鳶魚堂)에서

■ 목 차

제1장 한시편(漢詩篇)

제2장 고사성어편(故事成語篇)

제3장 명문편(名文篇)

■ 부록: 번역문(飜譯文)

제1장 한시편(漢詩篇) 번역

제2장 고사성어편(故事成語篇) 번역

제3장 명문편(名文篇) 번역

제1장

한시편(漢詩篇)

1. 春曉[1]

孟浩然[2]

春眠不覺曉[3]
處處聞啼鳥
夜來風雨聲
花落知多少[4]

1 春曉(춘효): 봄 새벽. 작가 맹호연의 시 세계를 대표하는 시로 청량한 봄날 새벽을 담담하게 표현한 작품이다.

2 孟浩然(맹호연, 689～740): 당(唐)나라 시인으로 호북성(湖北省) 양양현(襄陽縣) 출생이다. 40세쯤 장안(長安)으로 가 진사(進士) 시험을 쳤으나 낙방하여 고향으로 돌아와 녹문산(鹿門山)에 은거하였다. 만년에 재상 장구령(張九齡)의 부탁으로 잠시 일한 것을 제외하고 관직에 오르지 못하고 일생을 마쳤다. 도연명을 흠모하여 전원생활을 즐기고 자연의 한적한 정취를 시로 남겨 산수전원시파의 대표 인물이 되었다. 시선(詩仙) 이백(李白)이 존경했던 시인이다. 일찍이 왕유(王維)의 천거로 현종(玄宗)을 만났으나 다음 시를 지어서 모처럼의 벼슬길을 놓쳤다는 일화가 전한다. "北闕休上書, 南山歸弊廬. 不才明主棄, 多病故人疏." 저서로 『맹호연집(孟浩然集)』이 있다.

3 春眠(춘면): 봄날 새벽의 단잠, 새벽에 달게 잠이 든 것은 밤새 비바람 소리에 잠들지 못했음을 암시한다.

4 多少(다소): 수량의 대소를 뜻하는데 여기서는 '얼마?' 의 뜻이다. (예-多少錢)

2. 雜詩[1]

王維[2]

君自故鄕來[3]
應知故鄕事[4]
來日綺窓前[5]
寒梅着花未[6]

---

1 雜詩(잡시): 고향에 대한 그리움을 표현한 시이다. 1, 2구에서 고향이란 단어를 반복적으로 사용하여 고향에 대한 절실한 그리움을 담아내고 있다. 그러면서도 매화 소식만을 물음으로써 자신의 인품을 드러내었다.

2 王維(왕유, 701～761): 성당(盛唐) 시기의 대표적인 전원시인으로 자는 마힐(摩詰)이다. 이름과 자를 합하면 유마힐(維摩詰)로 시불(詩佛)이라 불렸다. 그림과 서예에도 뛰어나 남종화(南宗畵)의 시조이다. 종남산(終南山) 망천(輞川)에 별장을 마련하고 은거와 관직 생활을 오갔다. 벼슬은 상서우승(尙書右丞)에 이르러 문집으로『王右丞集(왕우승집)』이 있다. 소동파는 그의 작품을 보고 '詩中有畵, 畵中有詩'라 평가했다. 안록산(安祿山)의 치하에서 벼슬을 받기도 했으나 다음 "凝碧池(응벽지)" 시를 지은 것으로 인해 곤경에서 벗어났다. "萬戶傷心生野煙, 百官何日再朝天. 秋槐落葉空宮裏, 凝碧池頭奏管絃."

3 自(자): ～부터

4 故鄕事(고향사): 고향에서 일어난 여러 가지 일들

5 來日(래일): 고향을 떠나오던 날, 綺窓(기창): 장식이 되어있는 화려한 창문

6 着花(착화): 개화(開花)의 뜻으로 '꽃이 피다.'

3. 四時[1]

陶潛[2]

春水滿四澤
夏雲多奇峯
秋月揚明輝
冬嶺秀孤松[3]

---

1 四時(사시): 사계절. 봄·여름·가을·겨울의 정경을 노래하여 자연에 대한 애정을 표현한 시이다.

2 陶潛(도잠, 365～427): 남북조 시대 동진(東晉)·유송(劉宋)의 시인이다. 강서성(江西省) 심양(潯陽)에서 태어난 그는 본명이 잠(潛)이고 자가 원량(元亮) 또는 연명(淵明)이다. 도연명은 집안과 노모를 돌보기 위해 팽택(彭澤) 현령 등 주로 지방 하급관리를 지냈지만 대부분 일 년을 채 넘기지 못했다. 그의 자유로운 성품이 관직 생활에 맞지 않았던 이유도 있었지만, 무엇보다 당시 관리 사회의 혼탁함에 염증을 느꼈기 때문으로 파악한다. 은둔하면서 시문 짓기를 좋아하였다. 대표작으로 「오류선생전(五柳先生傳)」, 「도화원기(桃花源記)」, 「귀거래사(歸去來辭)」 등이 있는데, 이들 작품은 동양문화에 끼친 영향력이 지대하다.

3 시에 나타난 수(水), 운(雲), 월(月), 령(嶺): 물, 구름, 달, 고갯마루 등은 모두 자연의 대표적인 소재이다.

4. 春夜[1]

蘇軾[2]

春宵一刻直千金[3]
花有清香月有陰
歌管樓臺聲寂寂[4]
鞦韆院落夜沈沈[5]

1 春夜(춘야): 봄밤. 낭만적인 봄밤의 짧음을 아쉬워하는 시이다.

2 蘇軾(소식, 1036～1101): 북송(北宋)시대의 문인. 자(字)는 자첨(子瞻), 호는 동파(東坡)로 사천(泗川) 미산(眉山) 사람이다. 아버지 소순(蘇洵), 동생 소철(蘇轍)과 함께 3소(三蘇)라 불리며 모두 당송 8대가의 한 사람이다. 유가 사상을 바탕으로 불가, 도가사상을 받아들여 3가의 철학을 통합시킨 대문호로 시(詩), 사(詞), 고문(古文), 서화(書畫)에 두루 뛰어났다. 그의 정치 인생은 폄적과 유배를 반복하는 고난이었지만 주관적인 정신세계로 승화하였다는 평을 받는다. 문집으로 『동파전집(東坡全集)』이 있으며, 전후 『적벽부(赤壁賦)』가 유명하다.

3 直(치): 값어치

4 寂寂(적적): 고요한 모양

5 院落(원락): 울타리 안의 정원, 沈沈(침침): 어두워지는 모양.

5. 山園小梅[1]

林逋[2]

衆芳搖落獨暄妍[3]
占盡風情向小園[4]
疏影橫斜水淸淺
暗香浮動月黃昏[5]
霜禽欲下先偸眼[6]
粉蝶如知合斷魂[7]
幸有微吟可相狎[8]
不須檀板共金樽[9]

---

1 山園小梅(산원소매): 동산의 작은 매화. 시인이 아내로 삼을 만큼 좋아했던 매화의 고결함을 노래한 시이다.

2 林逋(임포, 967～1028): 북송(北宋)의 시인으로 절강성(浙江省) 항주(杭州) 서호(西湖)의 고산(孤山)에 20년 동안 은거하며 학을 기르고 매화를 가꾸었다. 후인들은 이를 기리기 위해 그곳에 방학정(放鶴亭)이라는 정자를 지었다. 그는 결혼도 하지 않고 매화를 아내로 삼고 학을 아들로 삼아 일생을 살았다 해서 '매처학자(梅妻鶴子)'라는 말을 낳았다.

3 衆芳(중방): 온갖 향기로운 꽃들, 暄妍(훤연): 환한 모습

4 風情(풍정): 계절의 정취

5 暗香(암향): 그윽하게 풍기는 향기

6 霜禽(상금): 하얀 새, 서리의 하얀색

7 粉蝶(분접): 흰나비, 쌀가루의 흰색

8 微吟(미음): 나지막한 소리로 읊조리는 것

9 檀板(단판): 운율을 맞추기 위한 악기로 박달나무로 만들었다.

6. 山中對酌[1]

李白[2]

兩人對酌山花開
一杯一杯復一杯[3]
我醉欲眠君且去
明朝有意抱琴來[4]

---

1 山中對酌(산중대작): 산속에서 마주하여 술을 마시다. 술과 자연을 사랑하는 이백의 인간적인 모습을 보여주는 시이다.

2 李白(이백, 701~762): 자(字)는 태백(太白)이며 호는 청련거사(靑蓮居士)이다. 촉 땅에서 자라나 25세에 장대한 뜻을 품고 산천을 유람하며 당시의 사회적 상황을 이해하고 체득하였다. 하지장(賀知章)은 태백(太白)의 촉도난(蜀道難) 시를 읽고 마치 하늘에서 귀양 온 신선 같다고 하여 적선인(謫仙人)이라 불렀다. 잠시 한림공봉(翰林供奉)에 봉해졌으나 조정의 부패 속에 곧 장안을 떠난다. 안사의 난이 일어나자 영왕 이린(永王 李璘)의 막부에 참가하여 충정을 보였으나 오히려 역적으로 몰려 하옥되었다. 곽자의(郭子儀)의 도움으로 사형을 면하고 야랑(夜郎)으로 유배 가던 중 사면되었다. 역사는 그를 시선(詩仙)으로 평가했다. 저서에 『이태백집(李太白集)』이 있다. 두보의 「음중팔선가(飮中八仙歌)」에서는 이백을 두고 '술 한잔에 시가 백편'이라고 노래했다.

3 一杯(일배): 한잔, 같은 단어가 3번이나 반복되지만, 오히려 시의 묘미를 더한다.

4 明朝(명조): 내일 아침

7. 閨怨[1]

王昌齡[2]

閨中少婦不知愁[3]
春日凝粧上翠樓[4]
忽見陌頭楊柳色[5]
悔教夫壻覓封侯[6]

1 閨怨(규원): 규방의 원망. 새봄의 산뜻한 풍경을 마주하면서 급변하는 어린 신부의 심리를 포착한 시이다.

2 王昌齡(왕창령, 689?～756): 자(字)는 소백(少伯)으로 진사에 급제하여 비서성 교서랑(祕書省校書郎)이 되었다. 그러나 안록산의 난이 일어나 고향으로 돌아가던 중 피살되었다. 규원시(閨怨詩)와 변새시(邊塞詩)에 뛰어났다.

3 閨中(규중): 여인이 거처하는 장소

4 凝粧(응장): 정성을 들여 진하게 화장함, 翠樓(취루): 푸른색으로 된 화려한 누대

5 陌頭(맥두): 길거리

6 敎(교): ～로 하여금, 夫壻(부서): 남편, 封侯(봉후): 제후에 봉해진다는 뜻으로 출세를 의미

8. 題都城南庄[1]

崔護[2]

去年今日此門中[3]
人面桃花相映紅[4]
人面不知何處去
桃花依舊笑春風[5]

---

1 題都城南庄(제도성남장): 도성 남쪽의 어느 집에 대해서 쓰다. 청명절에 경험한 사랑의 감정을 회상하며 쓴 시이다.

2 崔護(최호): 중당(中唐)시대의 시인, 이 한 수의 시로 유명해졌다. 과거에 낙방하고 실의에 차서 도성 남쪽을 배회하다 아름다운 여인에게 물 한잔을 청하고, 다음 해 다시 찾았지만 만나지 못했던 일을 시로 남겼다.

3 去年(거년): 작년, 今日(금일): 오늘 곧 청명절로 이해된다.

4 人面(인면): 사람의 얼굴, 시상으로 보아 어여쁜 복사꽃만큼 아리따운 여인의 얼굴로 해석한다. 相(상): 서로 상대하는 것이 있을 때 쓰는 글자

5 依舊(의구): 옛 그대로, 예전처럼

9. 山中問答[1]

李白[2]

問余何事栖碧山
笑而不答心自閑[3]
桃花流水杳然去[4]
別有天地非人間[5]

---

1 山中問答(산중문답): 산속에서 묻고 답하다, 자문자답의 형식을 취하여 산속 생활의 묘미를 읊은 시이다. 제목이 山中答俗人(산중답속인)으로 되어있는 판본도 있다.

2 李白(이백, 701~762): 자(字)는 태백(太白)이며 호는 청련거사(靑蓮居士)이다. 어려서는 촉 땅에서 학문을 배우며 자랐다. 25세에 장대한 뜻을 품고 천하를 유람하였다. 玄宗(현종) 천보(天寶) 초년에 오균(吳筠)을 따라 장안으로 가서 하지장(賀知章)을 만났다. 당시 하지장(賀知章)은 그의 시 촉도난(蜀道難)을 읽고 마치 하늘에서 귀양 온 신선 같다고 하여 이백을 적선인(謫仙人)이라 부르며 현종에게 천거하였다. 그로 인해 한림공봉(翰林供奉)에 봉해졌으나 곧 장안을 떠난다. 안사의 난이 일어나자 영왕(永王) 이린(李璘)의 막부에 참가하여 충정을 보였으나 오히려 역적으로 몰려 하옥되고 곽자의(郭子儀)의 도움으로 사형을 면하고 야랑(夜郎)으로 유배 가던 중 사면되었다. 저서로 『이태백전집(李太白全集)』이 있다. 역사는 그를 시선(詩仙)으로 평가했다.

3 笑而不答(소이부답): 미소를 띠면서 대답은 하지 않지만, 미소 가운데 많은 의미를 내포하고 있다.

4 桃花(도화): 복사꽃, 도연명(陶淵明)의 도화원기(桃花源記) 이후 무릉도원, 유토피아의 함의를 갖게 됨, 杳然(묘연): 깊고 아득한 모양

5 人間(인간): 인간들이 사는 세상

10. 贈孟浩然[1]

李白[2]

吾愛孟夫子[3]
風流天下聞
紅顔棄軒冕[4]
白首臥松雲[5]
醉月頻中聖[6]

---

1 贈孟浩然(증맹호연): 맹호연에게 드림. 이백이 선배 문인이었던 맹호연에 대한 존경의 마음을 표현한 시이다.

2 李白(이백, 701～762): 자(字)는 태백(太白)이며 호는 청련거사(青蓮居士)이다. 어려서는 촉 땅에서 학문을 배우며 자랐다. 25세에 장대한 뜻을 품고 천하를 유람하였다. 玄宗(현종) 천보(天寶) 초년에 오균(吳筠)을 따라 장안으로 가서 하지장(賀知章)을 만났다. 당시 하지장(賀知章)은 그의 시 촉도난(蜀道難)을 읽고 마치 하늘에서 귀양 온 신선 같다고 하여 이백을 적선인(謫仙人)이라 부르며 현종에게 천거하였다. 그로 인해 한림공봉(翰林供奉)에 봉해졌으나 곧 장안을 떠난다. 안사의 난이 일어나자 영왕(永王) 이린(李璘)의 막부에 참가하여 충정을 보였으나 오히려 역적으로 몰려 하옥되고 곽자의(郭子儀)의 도움으로 사형을 면하고 야랑(夜郎)으로 유배 가던 중 사면되었다. 저서로 『이태백전집(李太白全集)』이 있다. 역사는 그를 시선(詩仙)으로 평가했다.

3 孟夫子(맹부자): 맹호연(孟浩然)을 가리킨다. 부자(夫子)는 선생님 등의 뜻으로 남자에 대한 존칭이다.

4 軒冕(헌면): 관작을 가리키는 말로, 헌(軒)은 수레이며 면(冕)은 고대 왕후나 고관들이 착용한 예모(禮帽)이다.

5 臥松雲(와송운): '소나무와 구름 속에 눕는다'라는 뜻으로 자연에 은거함을 의미

6 中聖(중성): 술에 취했다는 뜻이다. 조조(曹操)가 금주령을 내리자 술꾼들이 술이라는 말을 피하고자 청주(淸酒)를 성인, 탁주(濁酒)를 현인이라 부른 데서 유래하였다.

迷花不事君
高山安可仰[7]
徒此挹清芬[8]

---

[7] 高山安可仰(고산안가앙): 높은 산을 어찌 우러러보리, 맹호연의 품격이 높아 쉽게 이르지 못할 경지임을 표현한 것이다.

[8] 此(차): 이 시를 지어서, 揖(읍): 두 손을 모으고 머리를 숙이는 존경의 표현

11. 早發白帝城[1]

李白[2]

朝辭白帝彩雲間[3]
千里江陵一日還[4]
兩岸猿聲啼不住[5]
輕舟已過萬重山[6]

---

1 早發白帝城(조발백제성): 아침에 백제성을 출발하다. 야랑(夜郎)으로 유배 가던 중 사면 소식을 듣고 돌아오며 지은 시이다. 이 시의 운은 간(間), 환(還), 산(山)이다. 운은 의미 단위이며, 리듬 단위이다.

2 李白(이백, 701~762): 자(字)는 태백(太白)이며 호는 청련거사(靑蓮居士)이다. 어려서는 촉 땅에서 학문을 배우며 자랐다. 25세에 장대한 뜻을 품고 천하를 유람하였다. 玄宗(현종) 천보(天寶) 초년에 오균(吳筠)을 따라 장안으로 가서 하지장(賀知章)을 만났다. 당시 하지장(賀知章)은 그의 시 촉도난(蜀道難)을 읽고 마치 하늘에서 귀양 온 신선 같다고 하여 이백을 적선인(謫仙人)이라 부르며 현종에게 천거하였다. 그로 인해 한림공봉(翰林供奉)에 봉해졌으나 곧 장안을 떠난다. 안사의 난이 일어나자 영왕(永王) 이린(李璘)의 막부에 참가하여 충정을 보였으나 오히려 역적으로 몰려 하옥되고 곽자의(郭子儀)의 도움으로 사형을 면하고 야랑(夜郎)으로 유배 가던 중 사면되었다. 저서로 『이태백전집(李太白全集)』이 있다. 역사는 그를 시선(詩仙)으로 평가했다.

3 白帝彩雲間(백제채운간): 백제(白帝)는 사천성(四川省)에 있는 백제성(白帝城)을 말한다. 채운(彩雲)은 채색구름으로 백제성이 높은 지대에 있음을 표현함과 동시에 자신의 기쁜 마음이 기탁되어 있다.

4 千里江陵(천리강릉): 강릉은 지금의 호북성(湖北省) 강릉현(江陵縣)으로 백제성에서 강릉까지의 거리는 약 1,200리 라고 한다. 一日還(일일환): 기쁜 마음에 쏜살같이 달려오는 마음이 표현되었다.

5 兩岸猿聲(양안원성): 양 언덕의 원숭이 울음소리, 이곳은 단장(斷腸)의 고사를 간직하고 있는 곳이다.

6 輕舟已過萬重山(경주이과만중산): 겹겹의 산들이 빠르게 뒤로 밀려나는 듯한 시각적 효과를 보여준다.

12. 烏衣巷[1]

劉禹錫[2]

朱雀橋邊野草花[3]
烏衣巷口夕陽斜
舊時王謝堂前燕[4]
飛入尋常百姓家[5]

1 烏衣巷(오의항): 오의항. 오의항은 지금의 남경(南京) 부근에 있다. 진회하(秦淮河)는 그 남쪽에 있으며 그곳에 주작교(朱雀橋)가 있다. 동진(東晉) 시대 왕도(王導), 사안(謝安) 등의 귀족 집안이 거주했던 곳이다. 그 자제들이 관복인 검은 옷을 주로 입었기에 오의항이란 이름이 생겼다고 한다. 풍경을 읊었으나 세상사 무상이라는 시인의 감정이 기탁되어 있다.

2 劉禹錫(유우석 772～842): 자(字)는 몽득(夢得)이며 낙양(洛陽)사람이다. 21세에 진사가 되어 이후 감찰어사(監察御史)가 되었다. 왕숙문(王叔文), 유종원(柳宗元) 등과 정치개혁을 시도하다 좌천되어 낭주사마(浪州司馬)가 되었다. 지방과 중앙을 오가는 정치적 부침 속에서도 민간생활에 애정을 가져 민요풍의 걸출한 시를 많이 남겼다. 저서로 『유몽득문집(劉夢得文集)』이 전한다.

3 朱雀橋(주작교): 남경(南京)의 남문인 주작문 밖 秦淮河(진회하)에 놓인 다리이다. 동진(東晉) 시기에 건립되었다. 野草(야초): 예전의 영광을 잃고 황량해졌음을 의미

4 王謝堂(왕사당): 東晉(동진) 시대의 명문가이며 재상 집안이었던 王導(왕도)와 謝安(사안) 집안의 집들

5 尋常(심상): 보통의, 평상의

13. 相思[1]

王維[2]

紅豆生南國[3]
春來發幾枝[4]
願君多采擷[5]
此物最相思[6]

1 相思(상사): 그리움. 제목이 상사자(相思子)로 되어있는 판본도 있다. 홍두(紅豆)에 그리움을 의탁하여 표현하였다.

2 王維(왕유, 701～761): 성당(盛唐) 시기의 대표적인 산수 전원시인으로 자(字)는 마힐(摩詰)이다. 이름과 자를 합하면 유마힐(維摩詰)로 시불(詩佛)이라 불렸다. 그림과 서예에도 뛰어나 남종화(南宗畵)의 시조이다. 종남산(終南山)의 망천(輞川)에 별장을 마련하고 은거와 관직 생활을 오갔다. 벼슬은 상서우승(尙書右丞)까지 이르러 문집으로 『王右丞集(왕우승집)』이 있다. 소동파는 그의 작품을 보고 '詩中有畵, 畵中有詩'라 평가했다.

3 紅豆(홍두): 홍두수(紅豆樹), 相思子(상사자)라 불리는 콩과에 속하는 교목으로 봄에 희거나 붉은 꽃이 핀다. 열매는 딱딱한 타원형인데, 씨는 선홍색으로 윤이 나며 변하지 않아 세공품의 재료로 쓰인다고 한다. 중국의 광동(廣東), 해남(海南) 등지에 분포하는데 예로부터 애정을 상징하였다. 남국(南國): 홍두가 나는 남쪽 지역이라는 뜻이다.

4 發(발): 뻗어나다, 자라나다, 피어나다.

5 采擷(채힐): 따다, 채집하다.

6 此物(차물): 이 물건, 곧 홍두를 가리킴

14. 春望[1]

杜甫[2]

國破山河在[3]
城春草木深[4]..... 首聯
感時花濺淚[5]
恨別鳥驚心 ..... 頷聯
烽火連三月[6]

---

1 春望(춘망): 봄날 바라보며. 안록산(安祿山)의 난으로 장안성이 함락된 상태에서 새봄을 맞아 쓴 시이다. 율시로 함련과 경련의 대구가 뛰어나다.

2 杜甫(두보, 712～770): 시성(詩聖)으로 불리는 성당(盛唐) 시기 최고의 시인이다. 이백(李白)과 병칭하여 이두(李杜)라 일컫는다. 당시의 사회현실과 백성의 고통을 잘 그려내었기에 그의 시는 시사(詩史)라고도 불린다. 자(字)는 자미(子美)이며, 호는 장안(長安) 부근의 소릉(少陵)에서 생활했기에 소릉(少陵), 소릉야로(少陵野老)라 하였다. 안록산의 난 때에 장안에 연금되었다가 탈출하여 새로 즉위한 숙종(肅宗)에게서 좌습유(左拾遺)의 벼슬을 하다가 직언으로 좌천되었다. 후에 성도(成都)에서 절도사 엄무(嚴武)의 참모와 검교공부원외랑(檢校工部員外郎)을 지냈기에 두공부(杜工部)라 부르기도 한다. 엄무(嚴武)가 세상을 떠나자 고향으로 돌아오기 위해 장강(長江) 일대를 떠돌다 59세로 병사하였다. 그의 시 1400여 수가 『두공부집(杜工部集)』에 실려 있다. 조선시대 두보의 시를 번역한 것이 『두시언해(杜詩諺解)』이다.

3 國破(국파): 반란군이 수도 장안을 점령하였음을 의미

4 草木深(초목심): 정리되지 않은 초목의 무성함으로, 인적은 없고 초목만이 우거져 황폐함을 형용한 것이다.

5 感時(감시): 시절을 느껴, 안록산(安祿山)의 난으로 참혹한 시대상을 슬퍼한다는 의미이다.

6 連三月(연삼월): 연이어 석 달을 피어오른다. 전쟁이 끊이지 않고 있음을 말한 것이다.

家書抵萬金[7]..... 頸聯

白頭搔更短

渾欲不勝簪[8]..... 尾聯

---

7 低(저): 값어치인 치(値)의 의미이다. 해당한다는 당(當)으로 해석해도 무난하다.

8 渾(혼): 온통, 簪(잠): 여자는 비녀, 남자는 동곳으로 해석

15. 漁翁[1]

柳宗元[2]

漁翁夜傍西巖宿
曉汲淸湘燃楚竹[3]
煙銷日出不見人[4]
欸乃一聲山水綠[5]
回看天際下中流
巖上無心雲相逐

---

1 漁翁(어옹): 늙은 어부. 시의 첫 두 글자를 제목으로 삼았다. 세속을 벗어나 초연한 삶을 살아가는 늙은 어부에 자신을 기탁하여 좌천당한 좌절감을 승화시킨 작품이다. 엄우(嚴羽)의 『滄浪詩話(창랑시화)』에 "「漁翁夜傍西巖宿(어옹야방서암숙)」 이 시는 소동파(蘇東坡)가 뒤의 두 구를 삭제하는 것이 좋겠다. 만일 유자후(柳子厚)가 다시 살아난다 해도 심복할 것이다."라고 평했다.

2 柳宗元(유종원, 773～819): 중당(中唐) 시기의 문장가, 시인으로 자(字)는 자후(子厚)이다. 유하동(柳河東), 유유주(柳柳州)라고도 부른다. 고문의 대가로 한유(韓愈)와 함께 나란히 칭송되는 당송 8대가의 한 사람이다. 그의 문장은 간결하면서도 빼어나다. 그는 부정부패를 척결하려다 오히려 좌천되어 22년의 벼슬살이 중 15년을 벽촌에서 보냈다. 「천설(天說)」, 「봉건론(封建論)」, 「포사자설(捕蛇者說)」 등은 부패한 관료를 비판하고 현실을 반영하는 대표작이다. 그의 「영주팔기(永州八記」 산문은 '산수유기(山水遊記)'라는 새로운 문체를 탄생시켰다. 저서에 시문집 『유하동집(柳河東集)』이 있다.

3 淸湘(청상): 맑은 湘水(상수)의 물, 상수는 湘江(상강)으로 호남성(湖南省)을 남북으로 흐르는 강이다. 楚竹(초죽): 초(楚)나라의 대나무라는 뜻으로 시를 지은 장소가 옛 초나라에 속한 영주(永州)지역이었으므로 그렇게 말한 것이다.

4 煙銷(연소): 연기 같았던 자욱한 안개가 사라지다.

5 欸乃(애내): 노를 저을 때 힘을 내기 위해 내는 '어여차' 등 뱃노래 가락이다.

16. 渭城曲[1]

王維[2]

渭城朝雨浥輕塵[3]
客舍青青柳色新[4]
勸君更盡一杯酒
西出陽關無故人[5]

---

1 渭城曲(위성곡): 위성의 노래. 송별시(送別詩)로 유명하여 이별할 때 애창하는 노래가 되었다. 위성(渭城)은 지금의 섬서성(陝西省) 서안시(西安市) 서북쪽에 위치하는데 장안에서 나와 서쪽으로 가려면 반드시 지나야 하는 곳이다. 진(秦)나라 도성인 함양 남쪽으로 위수(渭水)가 흘러 위성으로 불렀다. 예부터 이별의 장소로 알려졌다. 원 시제는 「송원이사안서(送元二使安西)」이다.

2 王維(왕유, 701～761): 성당(盛唐) 시기의 대표적인 전원시인으로 자(字)는 마힐(摩詰)이다. 이름과 자를 합쳐 유마힐(維摩詰)로 열렬한 불교 신자이기에 시불(詩佛)이라 불렸다. 그림과 서예에도 뛰어나 남종화(南宗畵)의 시조이다. 종남산(終南山)의 망천(輞川)에 별장을 마련하고 은거와 관직 생활을 오갔다. 벼슬은 상서우승(尙書右丞)까지 이르러 문집으로 『王右丞集(왕우승집)』이 있다. 소동파는 그의 작품을 보고 '詩中有畵, 畵中有詩'라 평가했다. 안록산(安祿山) 치하에서 벼슬을 받기도 했으나 다음 "凝碧池(응벽지)"시로 곤경을 벗어났다. "萬戶傷心生野煙, 百官何日再朝天. 秋槐落葉空宮裏, 凝碧池頭奏管絃."

3 輕塵(경진): 사막이 있는 변방에서 불어오는 가벼운 먼지

4 客舍(객사): 여행길에 머무는 숙소로 지금의 여관. 柳色新(류색신): 버들잎이 비에 젖어 더욱 푸르고 싱싱해진 모습이다. 예로부터 길 떠나는 이에게 버들가지를 꺾어주면서 전송하는 풍습이 있어서 버드나무는 이별의 상징이 되었다.

5 陽關(양관): 지금의 감숙성(甘肅省) 돈황(敦煌) 서남쪽에 있는 관문으로 실크로드로 나가는 중요한 길목이다. 그리하여 이 노래가 양관삼첩(陽關三疊)으로 불리기도 하였다.

17. 遊子吟[1]

孟郊[2]

慈母手中線[3]
遊子身上衣
臨行密密縫
意恐遲遲歸
誰言寸草心[4]
報得三春暉[5]

---

1 遊子吟(유자음): 나그네의 노래. 천륜인 모정의 깊고 간절한 사랑을 헤아려 쓴 5언 악부시이다. 우리가요 중 태진아의 '사모곡', 위당 정인보 선생의 시조 「자모사(慈母思)」는 모두 어머니의 깊은 사랑을 노래하였다. "바릿밥 남 주시고 잡숫느니 찬 것이며, 두둑이 다 입히고 겨울이라 엷은 옷을, 솜치마 좋다시더니 보공되고 말아라."

2 孟郊(맹교, 751～814): 자(字)는 동야(東野)이다. 그는 50세가 넘어서야 율양위(溧陽尉)라는 낮은 직책으로 관직을 시작하였다. 그 사이 가난으로 인해 아내와 자식은 모두 세상을 떠나고 어머니만 계신 상태였다. 맹교와 망형지교(忘形之交)를 나눈 사람이 한유(韓愈)이다. 지방관으로 떠나는 맹교를 전송하면서 한유가 지은 글이 「송맹동야서(送孟東野序)」이다. 그 문장 첫머리는 "대저 만물은 평정을 얻지 못할 때 울게 된다(大凡物不得其平則鳴)"로 시작한다. 소동파는 맹교와 가도(賈島)의 시를 평하여 '맹한도수(孟寒島瘦)'라 하였다.

3 線(선): 침선(針線)으로 바늘과 실, 곧 바느질을 말한다.

4 寸草心(촌초심): 한 치 되는 작은 풀포기의 마음으로 자식의 마음을 비유

5 三春暉(삼춘휘): 삼춘(三春)은 3개월에 해당하는 봄날로 고대에는 봄을 맹춘(孟春), 중춘(仲春), 계춘(季春)의 세 단계로 나누었다. 작은 풀을 키워내는 온 봄날의 따사로운 햇살이라는 의미로 끝없는 어머니의 사랑을 비유하였다.

18. 清明[1]

杜牧[2]

清明時節雨粉粉[3]
路上行人欲斷魂[4]
借問酒家何處在
牧童遙指杏花村[5]

---

1 清明(청명): 청명일. 24절기의 하나로 동지(冬至)를 지나 106일째 되는 날로 대개 4월 5, 6일경이다. 답청(踏靑) 놀이를 하고 성묘를 하기도 한다.

2 杜牧(두목, 803~852): 만당(晩唐) 시기의 시인으로 자(字)는 목지(牧之)이며, 호는 번천(樊川)이다. 3조의 재상을 역임하고 『통전(通典)』을 집필한 역사가 두우(杜佑)의 손자이다. 시성(詩聖)인 두보(杜甫)와 견주어 소두(小杜)라 칭하며, 만당(晩唐) 시기 이상은(李商隱)과 함께 소이두(小李杜)로도 칭한다. 풍류를 즐기고 구속받기를 싫어한 성품으로 인생에 대한 감개를 비단처럼 화려한 시풍의 작품으로 남겼다. 그리하여 그의 문학은 화려한 수식과 유장한 리듬감을 지닌다. 영사시(詠史詩)를 써서 현실을 비판하기도 하였다. 저서로 『번천문집(樊川文集)』이 있다.

3 時節(시절): 당시의 때가 대략 그 절기에 해당함을 이른다.

4 斷魂(단혼): 넋이 나갈 정도로 춥거나 슬픈 상황

5 杏花村(행화촌): 살구꽃이 피어있는 마을, 한편 안휘성(安徽省)에 그 이름을 가진 마을이 있기도 하다.

19. 過故人莊[1]

孟浩然[2]

故人具鷄黍[3]
邀我至田家
綠樹村邊合[4]
青山郭外斜
開軒面場圃[5]
把酒話桑麻[6]

---

1 過故人莊(과고인장): 친구의 시골집을 방문하다. 과(過)는 여정 중에 들르는 것이다. 전원생활의 정취와 친구와의 우정이 진솔하게 나타난 시이다.

2 孟浩然(맹호연, 689~740): 당나라의 시인으로 호북성(湖北省) 양양현(襄陽縣) 출생이다. 40세쯤 장안(長安)으로 가 진사(進士) 시험을 쳤으나 낙방하여 고향 녹문산(鹿門山)에 돌아와 은거하였다. 만년에 재상 장구령(張九齡)의 부탁으로 잠시 그 밑에서 일한 것 외에는 관직에 오르지 못하고 일생을 마쳤다. 도연명을 흠모하여 전원생활을 즐기고 자연의 한적한 정취를 사랑하여 산수전원(山水田園) 시를 많이 남겼다. 이백(李白)이 존경했던 시인이다. 일찍이 왕유(王維)의 천거로 현종(玄宗)을 만났으나 다음 시를 지어서 모처럼의 벼슬길을 놓쳤다는 일화가 전한다. "北闕休上書, 南山歸弊廬. 不才明主棄, 多病故人疏." 저서로 『맹호연집(孟浩然集)』이 있다.

3 具鷄黍(구계서): 닭고기와 기장밥을 준비하다. 손님을 정성껏 대접한다는 의미가 들어있다.

4 合(합): 잇달아 두르고 있다.

5 場圃(장포): 집 근처에 있는 채소나 작물을 심는 텃밭이다.

6 話桑麻(화상마): 뽕나무와 삼나무를 이야기하다. 즉 농사에 관한 대화를 나눈다는 의미이다.

待到重陽日[7]

還來就菊花[8]

[7] 重陽日(중양일): 음력 9월 9일을 가리킨다. 이날은 액운을 막기 위해 수유(茱萸)를 꽂고 국화주를 마시는 풍습이 있었다.

[8] 就(취): 잡다, 가까이한다는 뜻으로 감상한다는 의미이다.

20. 江村[1]

杜甫[2]

清江一曲抱村流[3]
長夏江村事事幽
自去自來堂上燕
相親相近水中鷗
老妻畫紙爲碁局[4]
稚子敲針作釣鉤[5]

---

1 江村(강촌): 강마을. 성도(成都) 완화계(浣花溪) 초당에서 지낼 때 지은 시로 한여름 강촌의 풍경이 수채화처럼 그려져 있다. 함련, 경련의 대구가 탁월하다. 운(韻)은 流(류), 幽(유), 鷗(구), 鉤(구), 求(구)이다.

2 杜甫(두보, 712～770): 시성(詩聖)으로 불리는 성당(盛唐) 시기 최고의 시인이다. 이백(李白)과 함께 이두(李杜)라 일컫는다. 당시의 사회현실과 백성의 고통을 잘 그려내었기에 그의 시는 시사(詩史)라고도 불린다. 자(字)는 자미(子美)이며, 호는 장안(長安) 부근의 소릉(少陵)에서 살았기에 소릉(少陵), 소릉야로(少陵野老)라 하였다. 안록산의 난 때에 장안에 연금되었다가 탈출하여 새로 즉위한 숙종(肅宗)에게 가서 좌습유(左拾遺)의 벼슬을 하다가 직언으로 좌천되었다. 후에 성도(成都)에서 절도사 엄무(嚴武)의 참모와 검교공부원외랑(檢校工部員外郎)을 지내 두공부(杜工部)라 부르기도 한다. 엄무(嚴武)가 세상을 떠나자 고향으로 돌아오기 위해 장강(長江) 일대를 떠돌다 59세로 병사하였다. 그의 시 1400여 수가 『두공부집(杜工部集)』에 실려 전한다. 조선시대 두보의 시를 번역한 것이 『두시언해(杜詩諺解)』이다.

3 村(촌): 성도(成都)의 완화계(浣花溪) 초당 주변, 금강(錦江)의 완화계 물굽이 마을이다.

4 畫(획): 긋다, 그리다. 爲碁局(위기국): (그림을 그려서) 바둑판을 만들다. 위(爲)는 작(作)의 뜻이다.

5 稚子(치자): 어린 아들, 경련에서는 바둑판을 그리는 아내와 낚싯바늘을 만드는

多病所須唯藥物[6]

微軀此外更何求[7]

자식을 사랑스럽게 바라보는 시선을 느낄 수 있다.

6 所須(소수): 바라는 것은

7 更(갱): 음은 갱으로 '다시'의 뜻이다.

21. 蟬[1]

李商隱[2]

本以高難飽[3]
徒勞恨費聲
五更疏欲斷[4]
一樹碧無情[5]
薄宦梗猶汎[6]
故園蕪已平
煩君最相警[7]
我亦擧家清

---

1 蟬(선): 매미. 매미를 읊은 영물시(詠物詩)이다. 높은 나무에서 이슬을 먹고 사는 매미에 자신의 고결함을 기탁하면서 생명의 비애와 고독감을 표현하고 있다.

2 李商隱(이상은, 813～858): 자(字)는 의산(義山)이며 호는 옥계생(玉溪生)이다. 유미주의 시인으로 시의 풍격은 슬픔이 흐르면서도 우미(優美)하며 낭만주의 색채가 농후하다. 만당(晩唐) 시기를 대표하는 문인이지만 우이(牛李) 당쟁에 휘말려 일생이 불우하였다. 두목(杜牧)과 함께 만당(晩唐)의 이두(李杜)로 불린다.

3 本以高難飽(본이고난포): 본래 고결하여 배부르게 먹지 않는다. 오직 이슬을 먹고 사는 매미로 시인 자신의 고결한 의지와 불우한 처지를 표현하였다.

4 五更(오경): 밤을 5 등분한 것으로, 그중 다섯 번째에 해당하는 새벽 3시～5시로 해뜨기 직전이다. 밤새 울다 동틀 무렵 울음을 그치려 한다는 의미이다.

5 無情(무정): 나무는 푸르게 서 있을 뿐 감정이입이 전혀 없는 상태이다. 고독한 처지를 부각하며 시인의 감정과 경물의 융합을 보여준다.

6 薄宦(박환): 낮은 벼슬아치. 梗猶汎(경유범): 물 위의 나뭇가지처럼 떠돌아다니는 슬픔을 비유적으로 표현하였다.

7 君(군): 그대, 곧 매미를 가리킨다.

22. 獨坐敬亭山[1]

李白[2]

衆鳥高飛盡[3]
孤雲獨去閑[4]
相看兩不厭[5]
只有敬亭山

---

1 獨坐敬亭山(독좌경정산): 홀로 경정산에 앉아. 경정산은 안휘성(安徽省) 선성(宣城) 북쪽에 있으며 본래 산 이름은 소정산(昭亭山)이었는데, 산 위에 경정(敬亭)이라는 정자가 있어서 그러한 이름이 붙었다고 한다. 남조(南朝) 제(齊)나라 시인 사조(謝脁)가 선천태수(宣川太守)가 되어 항상 경정에 올라 시를 읊었다고 전한다.

2 李白(이백, 701~762): 자(字)는 태백(太白)이며 호는 청련거사(靑蓮居士)이다. 촉 땅에서 자라나 25세에 장대한 뜻을 품고 천하를 유람하며 당시의 사회적 상황을 이해하고 체득하였다. 하지장(賀知章)은 태백(太白)의 촉도난(蜀道難) 시를 읽고 마치 하늘에서 귀양 온 신선 같다고 하여 적선인(謫仙人)이라 부르며 감탄하였다. 잠시 한림공봉(翰林供奉)에 봉해졌으나 조정의 부패를 절감하고 곧 장안을 떠난다. 안사의 난이 일어나자 영왕 이린(永王 李璘)의 막부에 참가하여 충정을 보였으나 오히려 역적으로 몰려 하옥되고 곽자의(郭子儀)의 도움으로 사형을 면했다. 야랑(夜郎)으로 유배 가던 중 도중에 사면되었다. 역사는 그를 시선(詩仙)으로 평가했다. 저서에 『이태백집(李太白集)』이 있다. 두보의 「음중팔선가(飮中八仙歌)」에서는 이백을 두고 '술 한잔에 시가 백편'이라고 노래했다.

3 衆鳥(중조): 무리 지은 새떼들, 정계에서 이백을 배척했던 사람들로 보기도 한다.

4 孤雲(고운): 외롭게 떠가는 구름은 고고한 은사로 시인 자신을 비유한 것으로 본다. 중조(衆鳥)와 대비적으로 사용하였다.

5 不厭(불염): 물리지 않는 것, 즉 시인과 경정산이다.

23. 贈衛八處士[1]

杜甫[2]

人生不相見
動如參與商[3]
今夕復何夕
共此燈燭光
少壯能幾時

1 贈衛八處士(증위팔처사): 위팔(衛八)처사에게 주다. 대상이 위씨 집안의 여덟 번째 항렬이라는 뜻이지만 누구인지 분명치 않다. 처사는 벼슬을 하지 않은 평민임을 의미한다. 20년 만에 친구를 만나 그 기쁜 마음을 소박하면서도 간절한 정으로 표현하여 작별할 때에 준 증별시이다.

2 杜甫(두보, 712~770): 시성(詩聖)으로 불리는 성당(盛唐) 시기 최고의 시인이다. 이백(李白)과 함께 이두(李杜)라 일컫는다. 당시의 사회현실과 백성의 고통을 잘 그려내었기에 그의 시는 시사(詩史)라고도 불린다. 자(字)는 자미(子美)이며, 호는 장안(長安) 부근의 소릉(少陵)에서 살았기에 소릉(少陵), 소릉야로(少陵野老)라 하였다. 안록산의 난 때에 장안에 연금되었다가 탈출하여 새로 즉위한 숙종(肅宗)에게 가서 좌습유(左拾遺)의 벼슬을 하다가 직언으로 좌천되었다. 후에 성도(成都)에서 절도사 엄무(嚴武)의 참모와 검교공부원외랑(檢校工部員外郞)을 지내 두공부(杜工部)라 부르기도 한다. 엄무(嚴武)가 세상을 떠나자 고향으로 돌아오기 위해 장강(長江) 일대를 떠돌다 59세로 병사하였다. 그의 시 1,400여 수가 『두공부집(杜工部集)』에 실려 전한다. 조선시대 두보의 시를 번역한 것이 『두시언해(杜詩諺解)』이다.

3 動(동): 걸핏하면, 자칫하면. 參與商(삼여상): 삼성(參星)과 상성(商星)으로 서로 하늘의 서쪽과 동쪽에 위치하여 한 별이 뜨면 한 별이 진다. 사람이 이별하여 서로 만나지 못함을 비유한 것이다.

鬢髮各已蒼[4]

訪舊半爲鬼[5]

驚呼熱中腸[6]

焉知二十載[7]

重上君子堂

昔別君未婚

兒女忽成行[8]

怡然敬父執[9]

問我來何方

問答乃未已[10]

驅兒羅酒漿[11]

夜雨剪春韭

新炊間黃粱[12]

---

4 蒼(창): 잿빛, 회백색으로 늙음을 의미

5 訪舊(방구): 옛친구를 방문해 소식을 묻다.

6 驚呼(경호): 깜짝 놀라 부르짖다.

7 焉知(언지): 어찌 알았으랴! 載(재): 해, 연(年)의 의미

8 成行(성항): 항렬을 이루었다. 줄을 세울 수 있게 연이어 늘어섰다는 의미로 자식이 많음을 뜻한다.

9 怡然(이연): 기뻐하는 모습. 父執(부집): 아버지의 절친한 벗을 말한다, 執(집)은 뜻이 맞는 친구이다.

10 乃未已(내미이): 아직 끝나지 않았다는 의미이다.

11 酒漿(주장): 술과 음료들

12 間黃粱(간황량): 노란 기장을 섞었다는 뜻으로 정성을 다해 밥을 지었다는 의미이다.

主稱會面難
一擧累十觴
十觴亦不醉
感子故意長[13]
明日隔山岳
世事兩茫茫[14]

13 故意長(고의장): 오랜 벗의 우정이 언제까지 변함이 없이 길게 이어짐. 莊子(장자)에서는 '君子之交淡若水'라 하였다.

14 茫茫(망망): 아득해서 서로 알지 못하는 상태, 다시 이별하는 아픔을 느끼게 함.

24. 將進酒[1]

李白[2]

君不見 黃河之水天上來
奔流到海不復回[3]
又不見 高堂[4]明鏡悲白髮
朝如青絲[5]暮成雪[6]

---

1 將進酒(장진주): 술을 권하며. 장(將)은 청(請)한다는 의미이다. 웅장, 활달하면서 자유분방한 내용으로 장, 단구로 이루어진 잡언시이다. 장진주는 한(漢)대 악부(樂府)의 곡명이다. 이백 52세에 지은 것으로 현실과 이상의 갈등을 엿볼 수 있는 작품이다. 정철의 장진주사에 "한잔 먹새 그려, 또 한잔 먹새 그려, 꽃 꺾어 산가지 놓고 무진무진(無盡無盡) 먹새 그려 ～" 구절이 있다.

2 李白(이백, 701～762): 자(字)는 태백(太白)이며 호는 청련거사(青蓮居士)이다. 촉 땅에서 자라나 25세에 장대한 뜻을 품고 천하를 유람하며 당시의 사회적 상황을 이해하고 체득하였다. 하지장(賀知章)은 태백(太白)의 촉도난(蜀道難) 시를 읽고 마치 하늘에서 귀양 온 신선 같다고 하여 적선인(謫仙人)이라 감탄하였다. 잠시 한림공봉(翰林供奉)에 봉해졌으나 조정의 부패로 곧 장안을 떠난다. 안사의 난이 일어나자 영왕 이린(永王 李璘)의 막부에 참가하여 충정을 보였으나 오히려 역적으로 몰려 하옥되고 곽자의(郭子儀)의 도움으로 사형을 면했다. 야랑(夜郎)으로 유배 가던 중 도중에 사면되었다. 역사는 그를 시선(詩仙)으로 평가했다. 저서에 『이태백집(李太白集)』이 있다.

3 不復回(불부회): 다시 돌아오지 못하네. 한번 지나가면 되돌릴 수 없는 시간의 불가역성을 강물에 비유하고 있다.

4 高堂(고당): 크고 화려하여 부귀를 누리는 집, 대궐도 포함

5 青絲(청사): 푸른 실이라는 의미이지만 여기에서는 검푸른 건강한 머릿결을 의미한다.

6 暮成雪(모성설): 저녁에 눈처럼 변했네. 시간의 속절없음을 표현함. 초당 시인이었던 유희이(劉希夷)는 "年年歲歲花相似, 歲歲年年人不同"으로 자연과의 대비를 통해 짧은 인생을 표현하기도 하였다.

人生得意須盡歡
莫使金樽空對月
天生我材必有用
千金散盡還復來
烹羊宰牛[7]且爲樂
會須一飮三百杯[8]
岑夫子丹丘生[9]
將進酒君莫停
與君歌一曲
請君爲我側耳聽
鍾鼎玉帛[10]不足貴
但願長醉不願醒
古來賢達皆寂寞
惟有飮者留其名
陳王[11]昔日宴平樂[12]

---

7 烹羊宰牛(팽양재우): 양을 삶고 소를 잡다. 풍성하게 차린 잔치를 의미한다.

8 一飮三百杯(일음삼백배): 한번 마시면 삼백 잔을 마신다. 후한말 원소(袁紹)가 정현(鄭玄)을 취하게 하려고 모인 사람 300명으로 하여금 모두 술을 올리게 했는데, 그 술을 다 받아마시고도 정현은 바른 자세를 잃지 않았다는 이야기가 전한다.

9 岑夫子丹丘生(잠부자단구생): 이백과 함께 술을 마시던 친한 사람들로 잠삼(岑參)과 원단구(元丹丘)라는 설이 있다.

10 鍾鼎玉帛(종정옥백): 종을 울려서 늘여놓은 보정의 음식을 먹고 옥과 비단을 지닌다는 뜻으로 호화로운 식사를 의미한다.

斗酒十千[13]恣歡謔
主人何爲言少錢
且須沽酒對君酌
五花馬[14]千金裘[15]
呼兒將出換美酒
與爾同銷萬古愁[16]

---

11 陳王(진왕): 조조(曹操)의 셋째아들 진사왕 조식(曺植)이다. 진왕(陳王)에 봉해졌으며, 시호가 사(思)이다.

12 平樂(평락): 하남성(河南省) 낙양(洛陽) 근처에 있던 궁궐로 조식이 이곳에서 화려한 연회를 벌였다.

13 斗酒十千(두주십천): 한 말에 만 냥이나 하는 비싼 술을 의미한다.

14 五花馬(오화마): 말의 털빛이 오색무늬를 띤 명마

15 千金裘(천금구): 천금이나 되는 가죽옷

16 萬古愁(만고수): 영원히 사라지지 않는 시름으로, 무상한 인생의 슬픔이다.

25. 回鄕偶書[1]

賀知章[2]

1수

少小離家老大回[3]
鄕音無改鬢毛衰[4]
兒童相見不相識
笑問客從何處來[5]

---

1 回鄕偶書(회향우서): 고향으로 돌아와 쓰다. 偶書(우서)는 마음 가는 대로 쓴 즉흥시를 말한다. 시인의 감정이 소박하면서도 진솔하게 나타나 무한한 감흥을 주는 명시로 평가받고 있다.

2 賀知章(하지장, 659～744): 자(字)는 계진(季眞)이며 고향은 지금의 절강성(浙江省) 소흥(紹興)인 산음(山陰)이다. 무측천(武則天) 시대에 벼슬길에 나아가 대체로 현종(玄宗)의 치세에 활동하다가 안록산의 난이 터질 때쯤 세상과 작별했다. 벼슬도 예부시랑 겸 집현전학사, 태자빈객, 비서감 등으로 순조로웠고, 만년에는 고향 사명산(四明山)으로 돌아가 사명광객(四明狂客)으로 자호하며 자연을 즐기다 향년 86세로 생을 마쳤다. 그가 귀향을 청했을 때 현종은 그의 고향에 있는 경호(鏡湖)와 섬계의 땅 일부를 하사하여 금의환향하였다. 그리하여 이백의 시 「대주억하감(對酒憶賀監)」에 "칙명으로 경호의 물 하사하니, 그대로 인해 누대와 못 영화로웠네.(勅賜鏡湖水, 爲君臺沼榮.)"라는 구절이 있다. 이백을 처음 만나 적선인(謫仙人)이라 부르고 현종에게 추천하여 벼슬을 내리게 한 인물이다. 두보(杜甫)의 「음중팔선가(飮中八仙歌)」에 "知章騎馬似乘船, 眼花落井水底眠"이라 기록할 정도로 술을 좋아했고, 담론과 해학을 즐긴 여유로운 삶이었다.

3 少小離(소소리), 老大回(노대회): 젊어서 떠나 늙어 돌아오다. 글자마다 대를 이루고 있다.

4 鄕音(향음): 고향 사투리, 鬢毛衰(빈모쇠): 귀밑머리가 하얗게 세고 성글어진 상태

제2수

離別家鄕歲月多
近來人事半銷磨[6]
唯有門前鏡湖水[7]
春風不改舊時波[8]

---

5 客(객): 시의 안(眼)자로, 시 구절 중 老大回, 鬢毛衰, 不相識의 주체이다.

6 半銷磨(반소마): 반이 사라졌네. 은퇴 후 조정에서 벌어진 일들에 대한 언급으로 보기도 한다. 요숭(姚崇), 송경(宋璟), 장구령(張九齡) 같은 어진 재상들이 떠나고 이림보, 양국충, 안록산 같은 간신이 고관 자리를 차지한 세태를 말함.

7 鏡湖(경호): 시인의 고향 마을 앞 호수 이름, 지금의 절강성(浙江省) 소흥(紹興)에 해당하는 산음(山陰)이 시인의 고향이다.

8 舊時波: 옛 물결

26. 竹裏館[1]

王維[2]

獨坐幽篁裏[3]
彈琴復長嘯[4]
深林人不知
明月來相照[5]

---

1 竹裏館(죽리관): 대숲 속의 집. 죽(竹)은 군자의 덕을 상징하며, 竹裏館(죽리관)은 망천(輞川) 이십 승경(勝景) 중 한 곳이다. 회화성이 뛰어난 작품이다.

2 王維(왕유, 701～761): 성당(盛唐) 시기 대표적인 전원시인으로 자는 마힐(摩詰)이다. 이름과 자가 유마힐(維摩詰)로 시불(詩佛)이라 불렸으며, 그림과 서예에도 뛰어나 남종화(南宗畵)의 시조이다. 종남산(終南山)의 망천(輞川)에 별장을 마련하고 은거와 관직 생활을 오갔다. 벼슬은 상서우승(尙書右丞)까지 이르러 문집으로 『王右丞集(왕우승집)』이 있다. 소동파는 그의 작품을 보고 '詩中有畵, 畵中有詩'라 평가했다. 안록산 치하에서 벼슬을 받기도 했으나 다음 "凝碧池(응벽지)"시로 곤경을 벗어났다. "萬戶傷心生野煙, 百官何日再朝天. 秋槐落葉空宮裏, 凝碧池頭奏管絃."

3 幽篁(유황): 깊고 고요한 대나무 숲

4 復長嘯(부장소): 다시 시를 읊거나 노래하거나 휘파람을 부는 한적한 정취로 구속이 없는 자유로움의 표현이다.

5 明月(명월): 밝은 달만 동행하고 사람은 없다.

27. 七步詩[1]

曹植[2]

煮豆燃豆萁[3]
豆在釜中泣[4]
本是同根生[5]
相煎何太急[6]

---

1 七步詩(칠보시): 일곱 걸음의 시. 위(魏)나라 문제(文帝)인 조비(曹丕)가 동생 조식(曹植)을 미워하여 일곱 걸음을 걷는 동안 시를 짓지 못하면 죽이겠다고 협박하자, 조식이 즉석에서 이 시를 지었다. 이 시를 보고 조비는 눈물을 흘렸다고 한다.

2 曹植(조식, 192～232): 자(字)는 자건(子建)이고 시호는 사(思)이다. 그의 봉지가 진(陣)이었기에 진사왕(陣思王)이라고 부른다. 위 무제(武帝) 조조(曹操)의 셋째아들이며, 문제(文帝) 조비의 아우이다. 조조, 조비, 조식은 모두 뛰어난 문인이었다. 조조의 작품이 호기로운 무인의 기상을 드러내었다면, 조비는 서정적이고 세련된 문학적 성향과 함께 문학비평에도 뛰어났다. 그리고 조식은 가히 천재적인 문인이었다. 남조 송나라 산수 시인 사령운(謝靈運)은 "천하의 재주는 모두 한 섬인데 조자건(曹子建)이 혼자서 여덟 말을 독점했고, 내가 한 말을 가지고, 천하 사람들이 나머지 한 말을 나누어 가졌다."라고 하였다. 그리하여 조식의 재주를 팔두재(八斗才)라 부르기도 한다. 문집으로 『조자건집(曹子建集)』이 있다.

3 煮豆燃豆萁(자두연두기): 콩대를 살라서 콩을 삶는다. 콩은 시인 자신이요, 콩대는 형인 문제 조비를 비유하였다.

4 泣(읍): 삶기는 콩이 울고 있다는 표현으로 자신의 심정을 드러내었다.

5 同根(동근): 같은 뿌리라는 뜻으로 형제를 의미

6 太急(태급): 너무 급하다는 뜻으로 학대함이 심하다는 의미

28. 飮酒[1]

陶淵明[2]

結廬在人境[3]
而無車馬喧
問君何能爾[4]
心遠地自偏[5]
採菊東籬下
悠然見南山[6]
山氣日夕佳[7]

---

1 飮酒(음주): 술을 마시며. 도연명(陶淵明)의 음주(飮酒)시는 모두 20수인데, 그중 제5수이다. 은거 가운데 최고의 경지인 시은(市隱)을 설명한 시이다.

2 陶淵明(도연명, 365～427): 이름은 잠(潛)이고 연명(淵明)은 자(字)이다. 동진(東晉)의 전원시인으로 일찍이 집 앞에 버드나무 다섯 그루를 심어서 오류(五柳) 선생이라 자칭하였다. 41세에 호구지책으로 팽택현령(彭澤縣令)으로 부임하였는데 80여 일 만에 사직하고, 「귀거래사(歸去來辭)」를 읊으며 고향으로 돌아왔다. 주요 작품으로 「오류선생전(五柳先生傳)」 「도화원기(桃花源記)」 「귀거래사(歸去來辭)」 등이 있다. 이들 작품은 동양문화에 끼친 영향력이 지대하다.

3 結廬(결려): 농막, 풀을 엮어서 지은 초가집. 在(재): 어(於)와 같다. 人境(인경): 사람들이 사는 마을

4 爾(이): '그러하다'의 然(연)과 같은 의미이다.

5 心遠(심원): 마음이 멀어지다.

6 悠然(유연): 한가롭고 여유로운 모습. 南山(남산): 여산(廬山)으로 심양의 남쪽에 있어 남산이라 부른다.

7 山氣日夕佳(산기일석가): 산 기운은 해가 저물 무렵에 아름답다. 황혼의 아름다움을 말함.

飛鳥相與還[8]

此中有眞意[9]

欲辨已忘言[10]

---

8 相與還(상여환): 서로 더불어 돌아오다.

9 眞意(진의): 인의가 가해지지 않은 스스로 그러함 곧 자연(自然)이다.

10 欲辨已忘言(욕변이망언): 설명하려다 이미 말을 잊었다. 『장자·외물(莊子·外物)』의 "말은 뜻을 나타내는 것이니, 뜻을 얻으면 말을 잊는다(言者所以在意, 得意而忘言)", 『노자(老子)56장』의 "아는 자는 말하지 않고, 말하는 자는 알지 못한다."라는 의미와 통한다. 전체 압운은 훤(喧), (편)偏, 산(山), (환)還, (언)言이다.

29. 題菊花[1]

黃巢[2]

颯颯西風滿院栽[3]
蕊寒香冷蝶難來[4]
他年我若爲青帝[5]
報與桃花一處開[6]

---

1 題菊花(제국화): 국화에 대해 쓰다. 힘겹게 살아가는 백성을 국화에 비유하여 자신이 황제가 되면, 국화를 봄날 복사꽃과 함께 피우겠다는 일종의 비유적 공약이다.

2 黃巢(황소, ?~884)는 염상(鹽商) 출신으로 문무를 겸하여 닦았다. 일찍이 장안에 이르러 과거에 응시했으나 급제하지 못했다. 875년에 왕선지(王仙芝) 군대에 가담했다가 왕선지가 죽자 영수로 추대되었다. 880년 장안(長安)에서 대제국(大齊國)을 건립하고 황제를 칭하다 후에 내부분열로 인해 장안을 잃고 자살로 생을 마쳤다. 최치원(崔致遠)의 명문 「토황소격문(討黃巢檄文)」은 황소의 투항을 권유하고 이를 진압하고자 의용군을 모집하는 글이다.

3 颯颯(삽삽): 소슬하게 부는 바람 소리. 西風(서풍); 가을바람. 동, 서, 남, 북: 봄, 가을, 여름, 겨울: 청(靑), 백(白), 주(朱), 현(玄)에 대비

4 蘂(예): 꽃술

5 靑帝(청제): 동방을 주관하는 봄의 신

6 報(보): 명령하다, 보답하다, 알리다 등의 의미

30. 楓橋夜泊[1]

張繼[2]

月落烏啼霜滿天
江楓漁火對愁眠[3]
姑蘇城外寒山寺[4]
夜半鐘聲到客船[5]

---

1 楓橋夜泊(풍교야박): 밤에 풍교(楓橋)에 배를 정박하고. 풍교는 강소성(江蘇省) 소주(蘇州) 서쪽 교외에 있는 다리 이름이다. 원래는 봉교(封橋)였는데, 장계(張繼)의 이 시로 인해 풍교라 불리게 되었다고 한다. 풍교에서 하룻밤 객선에 머물면서 잠을 이루지 못하자 낯선 주변 풍경과 자신의 시름을 함께 읊은 시이다.

2 張繼(장계): 자(字)는 의손(懿孫)으로 생몰연대는 미상이다. 천보(天寶) 12년(753년)에 진사에 급제해서 강남에서 염철판관(鹽鐵判官)을 지낸 것으로 알려져 있다.

3 江楓(강풍): 강변의 단풍. 對愁眠(대수면): 졸면서도 시름겨워하고 있다. 시의 안(眼)자는 愁(수)이다.

4 姑蘇城(고소성): 춘추시대 오(吳)나라의 수도로 지금의 소주(蘇州)지역을 이른다. 寒山寺(한산사): 고소성 서쪽 10리에 있는 절이다. 당나라 시승(詩僧)인 한산자(寒山子)가 그곳에 살아서 붙여진 이름이다. 이 시는 일본인들이 애송하여 지금도 섣달 그믐날에는 寒山寺(한산사) 종소리를 듣기 위해 일본 관광객들이 많이 몰려든다고 한다.

5 夜半(야반): 한밤중 12시

31. 無題[1]

李商隱[2]

相見時難別亦難[3]
東風無力百花殘[4]
春蠶到死絲方盡[5]
蠟炬成灰淚始乾[6]
曉鏡但愁雲鬢改[7]

---

1 無題(무제): 이상은의 대표적인 시이다. 이 시는 애정 시이지만, 군신(君臣), 붕우(朋友) 간에도 뜻을 붙일 수 있어 함의하는 바가 깊다. 칠언 율시로 특히 함련(頷聯)이 절창으로 평가되고 있다. 이상은의 시 중 제목이 없는 무제(無題)시는 남녀 간의 사랑을, 몽롱하고 낭만적으로 노래한 것이 많다.

2 李商隱(이상은, 813～858): 자(字)는 의산(義山)이며 호는 옥계생(玉溪生)이다. 유미주의 시인으로 시의 풍격은 슬픔이 흐르면서도 우미(優美)하며 낭만주의 색채가 농후하다. 만당(晩唐) 시기를 대표하는 문인이지만 우이(牛李) 당쟁에 휘말려 일생이 불우하였다. 두목(杜牧)과 함께 만당(晩唐)의 이두(李杜)로 불린다.

3 難(난): 첫 구절에 난자가 거듭 사용되어 만남이 자유롭지 못함을 강조하고 있다.

4 東風(동풍): 봄바람. 無力(무력), 殘(잔): 자신의 무력함을 봄바람의 무력으로, 이별의 아픔을 백화가 시들어 쇠잔해진 것으로 은유하고 있다.

5 春蠶(춘잠): 죽어서야 실 뽑기를 그치는 봄누에로 사무치는 그리움을 표현하였다. 絲(사): 사(思) 즉 그리움과 같은 발음으로 봄누에가 죽어서야 실 뽑기를 끝내듯, 멀리 떨어져 있어도 상대방을 끊임없이 사랑하는 마음과 연결하고 있다.

6 蠟炬(납거): 촛불은 다 타고 재가 되어서야 비로소 눈물이 마른다고 하면서 사람도 한평생 그리워하고 슬퍼함을 표현하고 있다. 淚(루): 촛농과 눈물의 중의적인 표현이다.

7 雲鬢改(운빈개): 운빈은 젊은 여인의 구름 같은 검은 머리를 비유한 것이다. 개(改)는 흰머리로 바뀌었음을 의미한다.

夜吟應覺月光寒
蓬山此去無多路[8]
青鳥殷勤爲探看[9]

---

[8] 蓬(萊)山(봉(래)산): 동해의 신선이 사는 산인데, 곧 사랑하는 사람이 있는 곳을 지칭한다. 多路(다로): 많은 길, 곧 먼 길이기도 하다.

[9] 靑鳥(청조): 신화에 나오는 서왕모의 심부름꾼인 파랑새로 연인들을 이어주는 매개체이다. 서로의 소식을 전해달라는 간절한 부탁을 담고 있다.

32. 山行[1]

杜牧[2]

遠上寒山石徑斜[3]
白雲生處有人家[4]
停車坐愛楓林晚[5]
霜葉紅於二月花[6]

---

1 山行(산행): 산길을 가다. 가을 산을 한 폭의 풍경화처럼 묘사한 시이다.

2 杜牧(두목, 803～852): 만당(晩唐) 시인으로 자(字)는 목지(牧之)이다. 역사가 두우(杜佑)의 손자이다. 시성(詩聖)인 두보(杜甫)와 견주어 소두(小杜)라 칭하며, 만당(晩唐) 시기 이상은(李商隱)과 함께 소이두(小李杜)로도 칭한다. 풍류를 즐기고 구속받기를 싫어한 성품으로 인생에 대한 감개를 비단처럼 화려한 시풍의 작품으로 남겼다. 영사시(詠史詩)를 써서 현실을 비판하기도 하였다. 저서로 『번천문집(樊川文集)』이 있다.

3 遠上寒山(원상한산): 먼 가을 산에 돌 오솔길이 위로 뻗어있음을 묘사한 구절이다. 상(上)은 '오르다'의 뜻이다.

4 生(생): 피어나는 움직임을 표현해 주는 글자이다.

5 坐愛(좌애): '가만히 즐기다'의 뜻이다.

6 於(어): '～보다'의 뜻으로 비교를 나타냄

33. 登鸛雀樓[1]

王之渙[2]

白日依山盡[3]
黃河入海流[4]
欲窮千里目[5]
更上一層樓[6]

---

1 登鸛雀樓(등관작루): 관작루에 올라서. 관작루는 산서성(山西省) 영제현(永濟縣) 황하 가에 있는 누각이다. 관작은 큰 물새의 종류로 관작(鸛鵲)으로 쓰기도 한다. 주변에 황새들이 서식했으므로 이런 이름을 얻었다. 소박한 시어 속에 관작루 주변의 광활한 자연을 담아내고 있다. 1,2구와 3,4구의 대우가 정련하다.

2 王之渙(왕지환, 688～742): 성당(盛唐)의 시인으로 자(字)는 계릉(季陵)이다. 어려서부터 협기가 있었으며 고적(高適), 왕창령(王昌齡) 등과 교류하여 이들과 시풍도 비슷하다. 변방의 풍광을 묘사한 변새시(邊塞詩)에 뛰어났다. 변새는 변방의 요새라는 뜻이다. 그의 시는 당시 악공(樂工)이 제작한 가곡(歌曲)으로 많이 불렸다고 한다. 대표작으로 「등관작루(登鸛雀樓)」, 「양주사(涼州詞)」 등이 있다.

3 白日(백일): 밝은 태양

4 入海流(입해류): 流入海의 순서를 운을 맞추고 유장한 느낌을 표현하기 위해서 도치하였다.

5 千里目(천리목): 시력이 닿는 끝까지 보고자 하여서

6 更(갱): 여기서는 '다시'의 뜻이다. '고치다'라는 의미일 때는 경으로 독음(甲午更張)

34. 暮江吟[1]

白居易[2]

一道殘陽鋪水中[3]
半江瑟瑟半江紅[4]
可憐九月初三夜[5]
露似眞珠月似弓[6]

---

1 暮江吟(모강음): 저물녘 강변에서 읊다.

2 白居易(백거이, 772～846): 중당(中唐, 766～835) 시기의 시인이다. 자(字)는 낙천(樂天), 호는 취음선생(醉吟先生), 향산거사(香山居士)이다. 29세로 진사과(進士科)에 급제하고, 32세에 황제 친시(親試)에 합격하였다. 「장한가(長恨歌)」로 유명하다. 후에 항주(杭州), 소주자사(蘇州刺使)를 맡아 그 지역을 잘 다스렸다. 74세에 자신의 글을 모아 『백씨문집(白氏文集)』(백씨장경집) 75권을 완성하고 이듬해 생을 마쳤다. 그의 문학은 민중의 생활 감정과 밀접하며 작품이 대체로 평이하다는 평을 받는다.

3 殘陽(잔양): 석양에 남아있는 붉은 햇살

4 瑟瑟(슬슬): 푸른 빛, 청록색의 모양, 바람 소리가 매우 쓸쓸한 모양.

5 可憐(가련): 고운, 사랑스러운, 애잔한

6 月似弓(월사궁): 초사흘 날의 상현달, 초승달의 모양

35. 尋隱者不遇[1]

賈島[2]

松下問童子[3]
言師採藥去
只在此山中
雲深不知處[4]

---

1 尋隱者不遇(심은자불우): 은자를 방문했으나 만나지 못하다. 질문은 생략하고 답변만으로 시를 구성하였다. 시상이 현재-과거-현재-미래로 전개되고 있다. 은자를 만날 듯 만날 듯, 만날 수 없는 사람으로 표현하여 여운과 함축을 전달하고 있는 시이다.

2 賈島(가도, 779～843): 중당(中唐) 시기에 활동했으며 자(字)는 낭선(浪仙)이다. 어려서 가난으로 인해 출가하여 법명이 무본(無本)이었다. 한유(韓愈)의 권유로 환속하여 그에게 시문을 배웠다. 한유(韓愈), 맹교(孟郊) 등과 시를 화답함으로써 명성이 알려졌다. 그의 시는 쓸쓸하고 고적한 제재가 많다. 당시 경조윤 한유와 만났을 때 지은 시 "鳥宿池邊樹, 僧推(鼓)月下門"으로 퇴고(推敲)의 주인공이기도 하다. 소동파는 맹교와 가도의 시를 보고 "맹한도수(孟寒島瘦)"라고 평하였다. 이러한 비평을 통해 맹교와 가도는 불우한 환경에서 비롯된 수심과 곤궁한 삶을 노래한 시인이었음을 짐작할 수 있다.

3 童子(동자): 은자의 시중을 드는 어린 사내 제자

4 不知處(부지처): 계신 곳을 알지 못하다. 무한 광활한 운해 속, 무한 광활한 도(道)의 경지를 암시하여 은자의 높은 격조를 그려내었다.

36. 九月九日憶山東兄第[1]

王維[2]

獨在異鄕爲異客[3]
每逢佳節倍思親[4]
遙知兄弟登高處[5]
遍插茱萸少一人[6]

---

1 九月九日憶山東兄弟(9월9일억산동형제): 9월 9일 산동(山東)에서 형제들을 생각하며. 왕유가 17세 때 장안(長安)에서 중양절을 맞아 고향의 형제들을 그리워하며 지은 시이다.

2 王維(왕유, 701～761): 성당(盛唐) 시기의 대표적인 전원시인으로 자(字)는 마힐(摩詰)이다. 이름과 자를 합하면 유마힐(維摩詰)로 시불(詩佛)이라 불렸다. 그림과 서예에도 뛰어나 남종화(南宗畵)의 시조이다. 종남산(終南山)의 망천(輞川)에 별장을 마련하고 은거와 관직 생활을 오갔다. 벼슬은 상서우승(尙書右丞)까지 이르러 문집으로『王右丞集(왕우승집)』이 있다. 소동파는 그의 작품을 보고 '詩中有畵, 畵中有詩'라 평가했다. 안록산 치하에서 벼슬을 받기도 했으나 다음 "凝碧池(응벽지)"시로 곤경을 벗어났다. "萬戶傷心生野煙, 百官何日再朝天. 秋槐落葉空宮裏, 凝碧池頭奏管絃."

3 獨(독), 異鄕(이향), 異客(이객): 이러한 단어는 모두 타향에서 홀로 있는 나그네의 향수를 함의하고 있다. 특히 獨(독)은 시의 안(眼)자이다.

4 佳節(가절): 좋은 날이나 명절이면 가족 생각에 더욱 그리움에 젖음을 나타내고자 하였다.

5 登高(등고): 등고의 유래는 후한(後漢) 때 환경(桓景)이 선인(仙人) 비장방(費長房)에게 유학(遊學)했는데, 하루는 비장방이 환경에게 이르기를, "9월 9일 중양절에 너의 집에 재앙이 있을 것이니, 급히 가서 가족들에게 각각 붉은 주머니에 수유(茱萸)를 담아 팔뚝에 걸고 높은 산에 올라가서 국화주를 마시게 하면 이 재앙을 면할 것이다." 하였다. 환경이 그의 말에 따라 가족을 거느리고 산에 올라갔다가 저녁 무렵 내려와 보니, 가축이 다 죽어 버리고 사람은 무사했다는 고사에서 유래한 풍습이다.『속제해기(續齊諧記)』

6 少一人(소일인): 한 사람이 적다. 시인 자신이 빠졌다는 표현이다. 가족을 주체로 하여 가족애를 더욱 부각하고 있다.

37. 問劉十九[1]

白居易[2]

綠蟻新醅酒[3]
紅泥小火爐[4]
晚來天欲雪
能飮一杯無[5]

1 問劉十九(문류십구): 류(劉) 19에게 묻다. 류(劉)는 성이며 19는 형제의 항렬순서이다. 친구를 초대하는 애주가의 모습을 담고 있다.

2 白居易(백거이, 772～846): 중당(中唐, 766～835) 시기의 시인이다. 자(字)는 낙천(樂天), 호는 취음선생(醉吟先生), 향산거사(香山居士)이다. 29세로 진사과(進士科)에 급제하고, 32세에 황제 친시(親試)에 합격하였다. 「장한가(長恨歌)」로 유명하다. 후에 항주(杭州), 소주자사(蘇州刺使)를 맡아 그 지역을 잘 다스렸다. 74세에 자신의 글을 모아 『백씨문집(白氏文集)』 75권을 완성하고 이듬해 생을 마쳤다. 그의 문학은 민중의 생활 감정과 밀접하며 평이하다는 평을 받는다.

3 綠蟻(녹의): 술이 익을 때 뜨는 거품이 초록 개미와 같아서 표현한 것이다.

4 紅泥(홍니): 붉은 진흙으로 만든 화로의 뜻이나 붉은 불빛이 이글거리는 화로라고 이해한다.

5 能～ 無(능～ 무): '～할 수 있겠나? 없겠나?'의 능불능(能不能)과 같다.

38. 偶成[1]

朱熹[2]

少年易老學難成
一寸光陰不可輕[3]
未覺池塘春草夢
階前梧葉已秋聲[4]

---

1 偶成(우성): 우연히 지은 즉흥시이다. 학문을 권장하는 권학시로 유명하다.

2 朱熹(주희, 1130～1200): 남송(南宋)시대 유학자로 곧 주자(朱子)이다. 주문공(朱文公)으로 불린다. 자(字)는 원회(元晦), 호는 회암(晦庵)이다. 시호(諡號)는 문(文), 휘국공(徽國公)이다. 19세에 진사가 된 후 여러 관직을 지내면서 공맹(孔孟)의 학문에 전념하였으며, 주돈이(周敦頤), 정호(程顥), 정이(程頤) 등 송대 이학(理學)을 집대성하여 성리학(性理學)을 개창하였다. 성리학은 우주의 원리와 인간의 본성을 탐구하는 형이상학적 체계를 갖추어 20세기 초까지 동아시아를 지배하는 주도 정치이념으로 자리하였다. 주요저서로 『사서집주(四書集註)』가 있다.

3 光陰(광음): 빛과 그림자이나 시간이나 세월을 가리키는 말이 되었다.

4 梧葉(오엽): 오동나무의 둥근 잎으로 큰 잎사귀가 툭툭 떨어지면 하늘이 드러나면서 가을이 깊어감을 그려내는 경물로 자주 사용되고 있다.

39. 秋思[1]

張籍[2]

洛陽城裏見秋風[3]
欲作家書意萬重[4]
復恐悤悤說不盡[5]
行人臨發又開封[6]

---

1 秋思(추사): 가을 그리움. 가을바람은 고향에 대한 그리움을 촉발하는 상징성을 지니고 있다. “장한은 낙양에서 동조연(東曹掾)의 관직을 맡고 있었는데, 어느 날 불어오는 가을바람을 느끼고, 문득 고향 오중(吳中) 땅에서 먹었던 순채국과 농어회가 너무나 그리워졌다. 그래서 ‘인생이란 모름지기 원하는 대로 사는 것이 귀한 것이지, 어찌 관직에 얽매어 수천리 밖에서 명예와 작위를 구한단 말인가?’ 하고 관직을 그만두고 귀향했다. 그 후 팔왕의 난이 터지면서 수많은 사람이 연루되어 죽었다. 그런데 장한은 모든 걸 내려놓고 고향으로 돌아갔기에 화를 면할 수 있었다.” 이후 가을은 고향에 대한 그리움이 강한 계절로 인식되기 시작하였다.

2 張籍(장적, 768～830): 당(唐)나라의 문인으로 소주(蘇州) 출생. 자(字)는 문창(文昌)이다. 한(漢)과 위(魏)의 전통을 계승한 악부시(樂府詩) 형식의 시를 많이 썼다. 그의 7언절구는 청신하고 간결한 특징을 지닌다.

3 洛陽(낙양): 고대 중국의 서도

4 家書(가서): 집으로 보내는 서신

5 悤悤(총총): 하고 싶은 말을 다 쓰지 못했는지 전전긍긍하는 마음을 표현하였다.

6 臨發(임발): 출발할 때에 임해서, 출발 직전에

40. 山居秋暝[1]

王維[2]

空山新雨後[3]
天氣晚來秋
明月松間照
清泉石上流
竹喧歸浣女[4]
蓮動下漁舟
隨意春芳歇[5]
王孫自可留[6]

---

[1] 山居秋暝(산거추명): 산속에 살면서 가을 저물녘에 쓰다. 산거(山居)는 시인의 망천(輞川) 별장을 말하며, 명(暝)은 어두워지는 시점을 말한다. 시청각적 이미지가 잘 어우러진 작품이다.

[2] 王維(왕유, 701～761): 성당(盛唐) 시기의 대표적인 전원시인으로 자(字)는 마힐(摩詰)이다. 이름과 자를 합하여 유마힐(維摩詰)이다. 시불(詩佛)이라 불렸으며, 그림과 서예에도 뛰어나 남종화(南宗畵)의 시조이다. 종남산(終南山)의 망천(輞川)에 별장을 마련하고 은거와 관직 생활을 오갔다. 벼슬은 상서우승(尙書右丞)에 이르렀으며 문집으로 『王右丞集(왕우승집)』이 있다. 소동파는 그의 작품을 보고 '詩中有畵, 畵中有詩'라 평가했다. 안록산(安祿山) 치하에서 벼슬을 받기도 했으나 다음 "凝碧池(응벽지)" 시를 지은 것이 있어서 곤경을 벗어났다. "萬戶傷心生野煙, 百官何日再朝天. 秋槐落葉空宮裏, 凝碧池頭奏管絃."

[3] 空山(공산): 인적이 드문 고요한 빈 산

[4] 竹喧(죽훤): 대숲에서 들려오는 소리로 시끌시끌한 청각적 이미지를 선사함.

[5] 隨意(수의): 어느덧, 어느새, 제 뜻대로

[6] 王孫(왕손): 귀족을 포함 남자의 미칭으로 쓰임, 여기서는 시인 자신을 의미한 것으로 파악한다.

41. 黃鶴樓[1]

崔顥[2]

昔人已乘黃鶴去[3]
此地空餘黃鶴樓
黃鶴一去不復返
白雲千載空悠悠[4]
晴川歷歷漢陽樹[5]
芳草萋萋鸚鵡洲[6]
日暮鄕關何處是[7]
煙波江上使人愁

---

1 黃鶴樓(황학루): 황학루. 지금의 호북성(胡北省) 무창현(武昌縣) 서쪽에 있는 누대이다. 그 유래는 삼국시대 촉(蜀)의 비문위(費文褘)가 이곳에서 황학을 타고 선경에 올랐다는 설과 신선 왕자안(王子安)이 황학을 타고 이곳을 경유했기 때문에 붙여진 이름이라는 설이 있다. 고향에 대한 향수를 아름다운 신화 속에 녹여내고 있다.

2 崔顥(최호, 704~754): 왕유(王維)와 더불어 '재명지사(才名之士)'로 칭해진 성당(盛唐) 시기의 시인이다. 초기에는 부염(浮艶)한 시풍이었으나 후기에는 기골이 있는 시를 지었다. 그 중 '황학루'를 절창으로 꼽는다.

3 昔人(석인): 황학루의 전설을 만든 사람

4 悠悠(유유): 구름이 한가하게 떠다니는 모습이다.

5 歷歷(역력) 분명한 모습이다. 漢陽(한양): 황학루와 강을 사이에 두고 바라보이는 지역이다.

6 萋萋(처처): 많고 무성한 모양이다. 鸚鵡洲(앵무주): 황학루 주변 장강(長江) 가운데 있었던 섬이다.

7 鄕關(향관): 고향의 관문으로 곧 시인의 고향 관문을 이른다.

42. 登高[1]

杜甫[2]

風急天高猿嘯哀[3]
渚清沙白鳥飛廻
無邊落木蕭蕭下[4]

---

1 登高(등고): 높은 곳에 올라. 음력 중양절(重陽節, 9월 9일)이면 수유(茱萸) 주머니를 차고, 높은 곳에 올라 국화주를 마시며 장수를 기원하고 액운을 쫓는 풍속이 있었다. 후한(後漢) 때 환경(桓景)이 선인(仙人) 비장방(費長房)에게서 유학(遊學)했는데, 하루는 비장방이 환경에게 이르기를, "9월 9일 중양절에 너의 집에 재앙이 있을 것이니, 급히 가서 가족들에게 각각 붉은 주머니에 수유(茱萸)를 담아 팔뚝에 걸고 높은 산에 올라가서 국화주를 마시게 하면 이 재앙을 면할 것이다." 하였다. 환경이 그의 말에 따라 가족을 거느리고 산에 올라갔다가 저녁 무렵 내려와 보니, 가축이 다 죽어 버리고 사람은 무사했다는 고사에서 유래한 것이다. 『속제해기(續齊諧記)』

2 杜甫(두보, 712~770): 자(字)는 자미(子美), 호는 소릉(少陵) 또는 소릉야로(少陵野老)로 후세에 두소릉(杜少陵)이라 부르기도 한다. 중국 최고의 시인으로 시성(詩聖)이라 불렸으며, 또 이백(李白)과 함께 이두(李杜)라 일컫는다. 조부는 초당(初唐)의 시인 두심언(杜審言)이다. 과거에는 급제하지 못하였고 각지를 방랑하여 이백(李白)·고적(高適) 등과 알게 되었다. 그의 시는 시사(詩史)라 불리기도 하는데, 당시 사회현실과 백성의 고통을 모두 시에 담았기 때문이다. 안녹산(安祿山)의 난이 일어나 적군에게 연금된 지 1년 만에 장안을 탈출, 새로 즉위한 숙종(肅宗)의 행재소(行在所)에 달려갔으므로, 그 공으로 좌습유(左拾遺)의 관직에 올랐다. 이후 직언으로 좌천되고 후에 사천성(泗川省)으로 가 절도사 엄무(嚴武)의 막료(幕僚)로 공부원외랑(工部員外郎)의 관직을 지내며 성도 완화계에 초당을 짓고 잠시 안정된 생활을 했다. 엄무(嚴武)가 죽고 난 후 고향으로 돌아오기 위해 장강(長江) 일대를 떠돌다 동정호(洞庭湖) 주변에서 59세로 병사하였다.

3 猿嘯(원소): 원숭이 울음소리. 이 시의 공간이 무협(巫峽)인데, 그곳에 원숭이가 많아 그 울음소리가 처량하고 슬프게 들린 것이다.

不盡長江滾滾來[5]

萬里悲秋常作客[6]

百年多病獨登臺[7]

艱難苦恨繁霜鬢[8]

潦倒新停濁酒杯[9]

---

4 蕭蕭(소소): 낙엽이 '우수수' 떨어지는 소리를 형용한 것이다.

5 不盡(부진): 끊임없이, 무궁무진하게

6 常作客(상작객): 항상 나그네 신세였던 시인 자신을 지칭한 것이다.

7 百年(백년): 한평생, 일생 동안. 옛사람들은 인생이 백 년을 넘지 못한다고 생각했기 때문이다.

8 艱難苦恨(간난고한): 오랜 타향살이에서 오는 고난과 괴로움, 설움 등이다.

9 潦倒(료도): 실의, 쇠퇴, 또는 늙음, 물밀듯이 밀려드는 슬픔 등

43. 凉州詞[1]

王翰[2]

葡萄美酒夜光杯[3]
欲飮琵琶馬上催[4]
醉臥沙場君莫笑
古來征戰幾人回[5]

1 洋州詞(양주사): 양주의 노래. 변방 지역을 노래한 악부시이다. 2수 중 제1수이다. 양주(涼州)는 오늘날 감숙성(甘肅省) 무위현(武威縣)으로 서역으로 통하는 관문이 있었다. 입영전야(入營前夜)의 분위기를 표현한 시이다.

2 王翰(왕한): 자(字)는 자우(子羽)로 생몰년은 미상이다. 장열(張說)이 재상으로 있을 때 비서정자(祕書正字)에 임명되었다. 장열(張說)이 파직되면서 도주사마(道州司馬)로 폄직되었다.

3 夜光杯(야광배): 밤에 빛이 나는 백옥으로 만든 술잔으로 서역에서 생산되는 값비싼 술잔이다.

4 琵琶(비파): 당시 서역에서 들어온 현악기로 말 위에서도 연주할 수 있다고 한다. 포도주와 더불어 이국적 분위기를 자아내고 있다.

5 征戰(정전): 전쟁터로 출정가는 사람이 앞날의 생사를 알 수 없는 불안감에 몹시 취하고자 하는 마음을 표현하였다.

44. 秋夜寄丘員外[1]

韋應物[2]

懷君屬秋夜[3]
散步詠涼天
空山松子落[4]
幽人應未眠[5]

---

1 秋夜寄丘員外(추야기구원외): 가을밤 구원외(丘員外)에게 부치다. 구원외는 이름이 단(丹)이다. 그가 항주(杭州) 임평산(臨平山)에 은거할 당시 받은 시이다. 시인의 고독함과 벗에 대한 그리움을 자연스럽게 결합해낸 시이다.

2 韋應物(위응물, 737～792) 중당(中唐) 전기의 시인으로 저주(滁州), 소주(蘇州) 자사 등을 지냈다. 백성의 고통을 안타까워하며 부패한 정치 현실을 비판하는 글을 많이 남겼다. 그의 시는 고아(高雅)하고 한담(閑淡)한 정취를 지닌 것으로 평가받는다.

3 屬(촉): 때마침, 적(適)의 의미

4 松子落(송자락): 솔방울이 떨어지다. 이 소리로 고요한 산에 청각적 울림을 제공하고 있다.

5 幽人(유인): 은거하는 사람으로 구원외(丘員外)를 지칭한다.

45. 行宮[1]

元稹[2]

寥落古行宮[3]
宮花寂寞紅
白頭宮女在[4]
閑坐說玄宗[5]

---

1 行宮(행궁): 황제가 출행했을 때 머무는 궁궐. 여기서는 낙양(洛陽)의 상양궁(上陽宮)을 가리킨다.

2 元稹(원진, 779~831): 자(字)는 미지(微之)로 배항(排行)이 아홉째이기에 원구(元九)라 부르기도 한다. 시인 백거이(白居易)와 친하게 지내며 함께 쉬운 시를 쓰자는 운동을 주도하였다.

3 寥落(요락): 쇠락한 궁궐 이미지로 세상사 무상함을 담아내고 있다.

4 白頭宮女(백두궁녀): 머리가 하얗게 세어버린 궁녀의 모습을 통해 세월의 덧없음과 흥망성쇠의 감회를 담아내고 있다.

5 說玄宗(설현종): 현종에 대한 무궁무진한 야사를 쉼 없이 이야기하는 모습을 연상케 한다.

46. 江雪[1]

柳宗元[2]

千山鳥飛絶
萬徑人踪滅[3]
孤舟蓑笠翁
獨釣寒江雪[4]

---

1 江雪(강설): 눈 내리는 강. 중앙정부의 요직에서 영주사마(永州司馬)로 좌천당한 시인이 늙은 어부의 모습을 빌어서 고고하고 적막한 자신의 심경을 표현한 시이다.

2 柳宗元(유종원, 773～819): 중당(中唐) 시기의 문장가, 시인으로 자(字)는 자후(子厚)이다. 유하동(柳河東), 유유주(柳柳州)라고도 부른다. 고문의 대가로 한유(韓愈)와 함께 나란히 칭송되는 당송 8대가의 한 사람으로 그의 문장은 간결하면서도 빼어나다. 그는 부정부패를 척결하려다 오히려 좌천되어 22년의 벼슬살이 중 15년을 벽촌에서 보냈다. 「천설(天說)」, 「봉건론(封建論)」, 「포사자설(捕蛇者說)」 등은 부패한 관료를 비판하고 현실을 반영하는 대표작이다. 그의 「영주팔기(永州八記」 등의 산문은 산수유기(山水遊記)라는 새로운 문체를 탄생시켰다. 저서에 시문집 『유하동집(柳河東集)』이 있다.

3 人蹤滅(인종멸): 사람의 자취가 사라지다. 천지가 눈에 덮여있는 모습을 읊은 것이다.

4 江雪(강설): 마지막 두 글자를 제목으로 삼았다. 이 시의 주제는 千萬孤獨(천만고독)으로 절대고독을 의미한다. 각 구절 첫머리 글자의 조합이다. 이러한 시를 장두체(藏頭體) 시라고 한다.

47. 把酒問月[1]

李白[2]

青天有月來幾時[3]
我今停杯一問之
人攀明月不可得[4]
月行却與人相隨
皎如飛鏡臨丹闕[5]
綠煙滅盡淸輝發
但見宵從海上來
寧知曉向雲間沒

---

1 把酒問月(파주문월): 술잔을 잡고 달에 물어보다. 시인의 탈속적인 성품을 보여주는 7언 고풍시이다. 호방함과 천진함 속에 인생무상이 흐르고 있다.

2 李白(이백, 701~762): 자(字)는 태백(太白)이며 호는 청련거사(靑蓮居士)이다. 촉 땅에서 자라나 25세에 장대한 뜻을 품고 천하를 유람하며 당시의 사회적 상황을 이해하고 체득하였다. 하지장(賀知章)은 이태백(太白)의 촉도난(蜀道難) 시를 읽고 마치 하늘에서 귀양 온 신선 같다고 하여 적선인(謫仙人)이라 감탄하였다. 잠시 한림공봉(翰林供奉)에 봉해졌으나 조정의 부패를 절감하고 곧 장안을 떠난다. 안사의 난이 일어나자 영왕 이린(永王 李璘)의 막부에 참가하여 충정을 보였으나 오히려 역적으로 몰려 하옥되고 곽자의(郭子儀)의 도움으로 사형을 면했다. 야랑(夜郎)으로 유배 가던 중 도중에 사면되었다. 역사는 그를 시선(詩仙)으로 평가했다. 저서에 『이태백집(李太白集)』이 있다.

3 幾時(기시): 얼마만큼

4 攀(반): 부여잡고 오르다.

5 丹闕(단궐): 붉은 대궐로 신선이 사는 곳을 의미

玉免擣藥秋復春[6]

姮娥孤栖與誰隣[7]

今人不見古時月[8]

今月曾經照古人

古人今人若流水

共看明月皆如此

惟願當歌對酒時[9]

月光長照金樽裏

---

6 玉兎擣藥(옥토도약): 옥토는 하얀 토끼, 달 속에 하얀 토끼가 계수나무 아래에서 약 방아를 찧어 인간에 뿌려준다는 전설이 있다.

7 姮娥(항아): 상아(孀娥)로도 쓰며 달을 가리킨다. 전설에 의하면 예(羿)의 아내가 서왕모(西王母)가 준 장생 불사약을 훔쳐 먹고 신선이 되어 달로 들어가 항아가 되었다고 한다.

8 今人不見古時月(금일불견고시월): 지금 사람은 옛 달 보지 못하네. 인생의 유한함을 달의 영원불멸과 비교하여 노래하였다.

9 惟願~ (유원~): 오직 원하는 것은 ~, 노래하고 술 마실 때 달빛이 언제나 술잔을 비춰주는 것이다. 유한한 인생의 슬픔을 극복하고 자연을 즐기려는 이백의 낭만적 성품을 알 수 있는 구절이다.

48. 題西林壁[1]

蘇軾[2]

橫看成嶺側成峰
遠近高低各不同
不識廬山眞面目[3]
只緣身在此山中

1 題西林壁(제서림벽): 서림사 벽에 쓰다. 이리저리 여산(廬山)의 진면목을 살펴보다가 문득 깨달은 내용을 적은 철리시(哲理詩)이다.

2 蘇軾(소식, 1036～1101): 북송(北宋)시대의 문인. 자(字)는 자첨(子瞻), 호는 동파(東坡)로 사천(泗川) 미산(眉山) 사람이다. 아버지 소순(蘇洵), 동생 소철(蘇轍)과 함께 3소(三蘇)라 불리며, 모두 당송 8대가의 한 사람이다. 유가 사상을 바탕으로 불가, 도가사상을 받아들여 3가의 철학을 통합시킨 대문호로 시(詩), 사(詞), 고문(古文), 서화(書畫)에 두루 뛰어났다. 그의 정치 인생은 폄적과 유배를 반복하는 고난이었지만 주관적 정신세계로 승화하였다는 평을 받는다. 문집으로 『동파전집(東坡全集)』이 있으며, 전후 『적벽부(赤壁賦)』가 유명하다.

3 廬山(여산): 중국 강서성(江西省)에 있는 명산으로, '기(奇)·수(秀)·험(險)·웅(雄)'의 4가지 특징을 가지고 있다. 도교와 불교의 성지이기도 하다.

제2장

고사성어편(故事成語篇)

1. 三顧草廬[1]

臣本布衣[2], 躬耕南陽[3], 苟全性命[4]於難世, 不求聞達[5]於諸侯。先帝[6]不以臣卑鄙, 猥自枉屈[7], 三顧臣於草廬之中, 諮臣以當世之事[8]。由是感激, 遂許先帝以驅馳[9]。

「諸葛孔明[10]·出師表[11]」

---

1 三顧草廬(삼고초려): 세 번 초가집을 돌아보다. 인재를 얻기 위해 최선의 노력을 다한다는 의미이다.

2 布衣(포의): 벼슬이 없는 일반 백성을 비유적으로 이르는 말이다.

3 南陽(남양): 중국 하남성(河南省)에 있는 지명이다.

4 苟(구): 진실로, 다만의 의미. 性命(성명): 목숨이나 생명을 달리 이르는 말이다.

5 聞達(문달): 이름이 세상에 널리 알려져 출세하게 되었다는 의미이다.

6 先帝(선제): 앞선 황제라는 의미로 여기에서는 촉한을 건국한 유비(劉備)를 말한다.

7 枉屈(왕굴): 상대방에 대한 경칭으로 쓰였다.

8 當世之事(당세지사): 시대가 당면하고 있는 일.

9 驅馳(구치): 온 힘을 다한다는 의미로 분주히 내달리는 말처럼 일을 열심히 하겠다는 뜻이다.

10 諸葛孔明(제갈공명, 181～234): 삼국시대 촉한(蜀漢)의 정치가이자 전략가로 와룡(臥龍)선생으로 일컬어지기도 한다. 유비를 도와 오(吳)나라와 연합하여 조조(曹操)의 백만대군을 적벽(赤壁)에서 대파하고 촉한의 승상이 되어 후주(後主)인 유선(劉禪)에게 충성을 다했다.

11 出師表(출사표): 제갈량이 위(魏)를 정벌하기 위해 출정하기 전 황제에게 올린 글로 우국의 내용으로 명문이다.

2. 矛盾[1]

楚人有鬻[2]盾與矛者。譽之[3]曰: 吾盾之堅, 莫能陷[4]也。又譽其矛曰: 吾矛之利, 於物無不[5]陷也。或曰: 以子之矛, 陷子之盾, 何如[6]? 其人不能應也。夫不可陷之盾與無不陷之矛, 不可同世而立。

『韓非子[7]·難勢篇』

---

1 矛盾(모순): 창과 방패. 말이나 행동의 앞뒤가 서로 맞지 아니하다. 이율배반(二律背反), 자가당착(自家撞着)과 비슷한 의미이다.

2 鬻(륙): 값을 받고 물건을 주다. '팔다'라는 의미

3 譽之(예지): 그것을 자랑하다. 지(之)는 내용상 순(盾)을 가리킨다.

4 陷(함): 빠지다, 뚫다.

5 無不~(무불~): ~하지 않음이 없다.

6 何如(하여): 어떠한가?

7 韓非子(한비자): 중국의 법가(法家) 철학자였던 한비자(韓非子)의 인명이며, 동시에 그의 어록을 모아 엮은 책 이름이기도 하다. 법가사상을 논한 책이다.

3. 刎頸之交[1]

旣罷歸國[2], 以相如功大, 拜爲上卿, 位在廉頗之右[3]。廉頗曰： 我爲趙將, 有攻城野戰之大功, 而藺相如, 徒以口舌爲勞, 而位居我上。且相如素賤人[4], 吾羞不忍爲之下。宣言曰： 我見相如, 必辱之。相如聞, 不肯與會, 相如每朝時, 常稱病[5], 不欲與廉頗爭列。

已而[6]相如出, 望見廉頗, 相如引車避匿。於是舍人[7]相與諫曰： 臣所以去親戚而事君者, 徒慕君之高義也。今君與廉頗同列, 廉君宣惡言, 而君畏匿之, 恐懼殊甚, 且庸人尚羞之, 況於將相乎[8]! 臣等不

---

1 刎頸之交(문경지교): 목을 베어줄 수 있는 사귐. 즉 상대를 위해 죽음도 마다하지 않는 친한 사이를 말한다.

2 旣罷歸國(기파귀국): 진(秦)나라 소왕(昭王)과 조(趙)나라 혜문왕(惠文王)과의 회동을 마치고 귀국하였다. 그때 인상여(藺相如)가 함께 참여하였다.

3 右(우): 상(上)으로 위에 있다는 의미이다.

4 素賤人(소천인): 본래 천한 사람이었다는 뜻으로, 처음 내시 우두머리의 집안일을 맡아서 했기 때문이다.

5 稱病(칭병): 병을 핑계삼아서

6 已而(이이): 시간이 흘러, 이윽고 ~에

7 舍人(사인): 집안의 잡무를 맡아보는 사람

8 況於~乎(황어~호): 하물며 ~에 있어서랴?

肖[9], 請辭去。

藺相如固止之曰：公之[10]視廉將軍, 孰與[11]秦王? 曰：不若也。相如曰： 夫以秦王之威, 而[12]相如廷叱之, 辱其群臣, 相如雖駑, 獨畏廉將軍哉! 顧吾念之, 彊秦之所以不敢加兵[13]於趙者, 徒以吾兩人在也。今兩虎共鬪, 其勢不俱生[14], 吾所以爲此者, 以先國家之急, 而後私讐也。

廉頗聞之, 肉袒負荊[15], 因[16]賓客, 至藺相如門, 謝罪曰： 鄙賤之人, 不知將軍寬之至此也。卒相如驩, 爲刎頸之交。

『史記·廉頗藺相如列傳』

---

9 不肖(불초): 어리석다. '어진 아버지를 닮지 못해 어리석다(不肖賢父)'라는 뜻에서 나옴.

10 公之(공지): 그대들, 곧 사인들을 가리킨다.

11 A孰與B(A숙여B): A와 B 중에 누가 더 나은가?

12 而(이): 도리어, 오히려

13 加兵(가병): 군사를 더하다. 즉 '전쟁을 일으키다'라는 의미이다.

14 不俱生(불구생): 다 살지는 못한다. 부분부정의 의미

15 肉袒負荊(육단부형): 웃옷을 벗고 가시나무를 등에 지다. 항복과 사죄를 청한다는 의미이다.

16 因(인): 통하여, 거쳐서

4. 四面楚歌[1]

項王軍壁[2]垓下[3], 兵[4]少食盡, 漢軍及諸侯兵圍之數[5]重。夜聞漢軍四面皆楚歌, 項王乃大警曰 : “漢皆已得楚乎? 是何楚人之多也!” 項王則夜起, 飮帳中。有美人名虞[6], 常幸從, 駿馬名騅, 常騎之。於是項王乃悲歌慷慨, 自爲詩曰 : “力拔山兮[7]氣蓋世, 時不利兮騅不逝。騅不逝兮可奈何! 虞兮虞兮奈若何[8]!” 歌數闋, 美人和之。項王泣數行[9]下, 左右皆泣, 莫能仰視。

『史記·項羽本紀』

---

1 四面楚歌(사면초가): 사방에서 들려오는 초나라의 노래. 적에게 둘러싸여 누구의 도움도 받을 수 없는 고립무원의 상태를 일컫는다.

2 壁(벽): 진영, 진지

3 垓下(해하): 안휘성(安徽省) 영벽현(靈壁縣) 부근에 있는 지명이다.

4 兵(병): 병사, 무기 모두 포함

5 數(수): 몇, 한 자릿수일 경우에 사용

6 虞美人(우미인): 항우의 애첩으로 항우에 앞서 자결하였다.

7 兮(혜): 쉼표, 느낌표 등으로 쓰는 허사

8 奈若何(내약하): ‘내하(奈何): 어찌하리오?’ 사이에 목적어 약(若)을 넣어서 ‘너를 어찌하리오?’의 의미이다.

9 行(항): 줄기, 항렬 등 눈물이 줄줄 흘러내리는 모양에서 쓴 것이다.

5. 五十步百步[1]

梁[2]惠王曰 : 寡人[3]之於國也, 盡心焉耳矣[4]。河內[5]凶, 則移其民於河東, 移其粟於河內, 河東凶, 亦然, 察隣國之政, 無如寡人之用心者, 隣國之民不加少, 寡人之民不加多, 何也?

孟子對曰 : 王好戰, 請[6]以戰喩。塡然[7]鼓之, 兵刃旣接, 棄甲曳兵而走, 或百步而後止, 或五十步而後止, 以五十步, 笑百步, 則何如? 曰 : 不可, 直不百步耳[8], 是亦走也。曰 : 王如[9]知此, 則無望民之多於[10]隣國也。

『孟子·梁惠王 上』

---

1 五十步百步(오십보백보): 오십보 도망한 이가 백보 도망한 이를 비웃다. 근본적으로 별 차이가 없다는 뜻으로 대동소이(大同小異), 피차일반(彼此一般)과 비슷한 의미이다.

2 梁(량): 위(魏)나라인데, 대량(大梁)에 도읍했기 때문에 양(梁)이라고 불렀다.

3 寡人(과인): 덕이 적은 사람인 '과덕지인(寡德之人)'의 준말로 왕이 자신을 지칭하는 말이다.

4 焉耳矣(언이의): ~뿐이다. 앞의 단어를 강조하기 위해 세글자를 거듭 사용

5 河內(하내): 지명이다. 뒤의 하동(河東)도 마찬가지로 강을 중심으로 지역을 구분한 것이다.

6 請~(청~): ~해 보겠다.

7 塡然(전연): '둥둥' 북소리. 글자+연(然)은 의태어, 의성어를 만드는 방법의 한가지이다.

8 直~耳(직~이): 단지 ~일 뿐이다.

9 如(여): 만약 ~한다면, 가정법으로 뒤의 즉(則)과 호응한다.

10 於(어): ~보다, 비교를 위해 쓰인 것이다.

6. 背水之陣[1]

諸將問信[2]曰 : 兵法, 右倍山陵, 前左水澤[3], 今者將軍令[4]臣等, 反背水陣以勝, 何也? 信曰 : 此在兵法, 顧[5]諸君不察耳。兵法不曰 : 陷之死地而後生[6], 置之亡地而後存[7]乎? 且信非得素拊循[8]士大夫[9]也。此所謂驅市人而戰, 予之生地, 皆走, 寧得而用之乎? 諸將皆服[10]。

『史記·淮陰侯列傳』

---

1 背水之陣(배수지진): 물을 등지고 진을 치다. 어떤 일에 결사적으로 임한다는 뜻이다.

2 信(신): 한신(韓信)으로 유방을 도와 초한전(楚漢戰)을 승리로 이끌어 회음후(淮陰侯)에 봉해졌다. 전쟁의 신이라 불릴 만큼 전투에 능했으나 후에 축출당해 토사구팽(兎死狗烹)의 사자성어를 만든 인물이다.

3 右倍山陵(우배산릉), 前左水澤(전좌수택): 산과 구릉을 오른쪽과 뒤에 두고, 물과 연못을 앞과 왼쪽에 두라는 의미로 손자병법의 내용이다.

4 令(령): ~하여금 ~하게 하다.

5 顧(고)~ 耳(이): 오직 ~일 뿐이다.

6 陷之死地而後生(함지사지이후생): 죽을 땅에 그들을 빠뜨린 뒤에 살아나고

7 置之亡地而後存(치지망지이후존): 망할 곳에 그들을 둔 뒤에 생존할 수 있다.

8 素(소): 평소에, 拊循(부순): 어루만지며 잘 길들여 훈련시키다.

9 士大夫(사대부): 사(士)와 대부(大夫)로 여기서는 군사와 군관들을 지칭

10 服(복): 탄복하다, 감탄하다.

7. 指鹿爲馬[1]

中丞相趙高[2], 欲專秦權, 恐群臣不聽, 乃先設驗, 指鹿獻於二世 曰 : "馬也"。二世笑曰 : "丞相誤耶。指鹿爲馬"。問左右, 或黙或言[3]。高陰中[4]諸言鹿者以[5]法, 後群臣皆畏高, 莫敢言其過。

『十八史略·秦二世皇帝』

1 指鹿爲馬(지록위마): 사슴을 가리켜 말이라 하다. 권세를 부려 윗사람을 농락하고 사실이 아닌 것을 사실로 인정하게 강압하다.

2 趙高(조고): 진(秦)나라 환관으로 시황제를 따라 전국을 시찰하던 중 시황제가 병사하자 승상 이사(李斯)와 짜고 조서를 거짓으로 꾸며 시황제의 맏아들 부소(扶蘇)와 장군 몽염(蒙恬)을 자결하게 만들고, 어리석은 막내아들 호해(胡亥)를 2세 황제로 삼아 마음대로 권력을 농단하였다.

3 或黙或言(혹묵혹언): 어떤 이는 침묵하고 어떤 이는 말했다.

4 陰中(음중): 몰래, 가만히

5 以(이): = 用 ~으로써 했다.

8. 糟糠之妻[1]

後漢宋弘, 字仲子, 京兆[2]長安人。光武卽位, 爲大司空[3]。時帝妹湖陽公主新寡, 帝與共論朝臣, 微觀其意。主曰 : 宋公威容德器, 群臣莫及。帝曰 : 方且[4]圖之。

後引見, 帝令主坐屛風後, 因謂弘曰 : 諺言貴易交, 富易妻, 人情乎? 弘曰 : 吾聞貧賤之交不可忘, 糟糠之妻不下堂[5]。帝顧謂主曰 : 事不諧矣。弘, 所得租奉, 分贍九族[6], 家無資産, 以淸行致稱。所推進賢士桓梁[7]三十餘人, 或相及爲公卿者。

『蒙求[8]』

---

1 糟糠之妻(조강지처): 술지게미와 쌀겨를 같이 먹던 아내로 가난할 때 어려움을 함께 겪었던 부인이다.

2 京兆(경조): 장안 일대를 관장하는 행정구역. 한나라 무제가 처음 설치하고 그 우두머리로 경조윤(京兆尹)을 두었다.

3 大司空(대사공): 공조판서(工曹判書)에 해당하는 직책으로 토목공사를 관장하였으며, 대사마(大司馬), 대사도(大司徒)와 더불어 삼공(三公)의 하나였다.

4 方且(방차): 이제 장차

5 不下堂(불하당): 마루에서 내려보내지 않는다는 뜻으로 집에서 쫓아내지 않는다는 의미이다.

6 九族(구족): 고조, 증조, 조부, 부친, 자신, 자식, 손자, 증손, 현손.

7 桓梁(환량): 환담(桓譚), 왕량(王梁) 등 어진 선비들을 지칭하였다.

8 蒙求(몽구): 당(唐)나라 때 아동교육을 위해 만든 책으로, 중국 역대의 뛰어난 인물과 그 행적을 소개하는 형식으로 구성되어 있다.

9. 斷腸[1]

桓公[2]入蜀, 至三峽[3]中, 部伍[4]中有得猿子者, 其母緣岸哀號, 行百餘里不去, 遂跳上船, 至便[5]卽絶。破視其腹中, 腸皆寸寸斷。公聞之, 怒命黜其人。

『世說新語[6]·黜免篇』

1 斷腸(단장): 창자가 끊어지는 아픔, 견딜 수 없는 슬픔이나 괴로움 (예: 단장의 미아리고개)

2 桓公(환공): 동진 시대의 환온(桓溫, 312～373)으로 군대를 이끌고 촉(蜀)을 정벌하였다.

3 三峽(삼협): 장강(長江, 양자강)에 있는 세 개의 협곡으로, 구당협(瞿塘峽), 무협(巫峽), 서릉협(西陵峽)이다.

4 部伍(부오): 군대의 대오

5 便(변): 즉시. '편리하다'의 뜻일 때는 편으로 독음한다.

6 世說新語(세설신어): 남북조 시대, 송(宋)의 유의경(劉義慶)이 후한 말부터 동진까지의 문인, 학자, 승려, 부녀자, 제왕 등의 일화를 모아 엮은 책이다.

10. 絶纓之會[1]

楚莊王[2], 賜群臣酒, 日暮酒酣, 燈燭滅, 乃有人引美人之衣者。美人援絶其冠纓, 告[3]王曰 : 今者[4]燭滅, 有引妾衣者, 妾援得其冠纓, 持之, 趣[5]火來上, 視絶纓者。

王曰 : 賜人酒, 使醉失禮, 奈何欲顯婦人之節而辱士乎[6]。乃命左右曰 : 今日與寡人飮, 不絶冠纓者, 不歡。群臣百有餘人, 皆絶去其冠纓, 而上火, 卒盡歡而罷。

居三年[7], 晉與楚戰, 有一臣常在前, 五合五奮, 首却敵, 卒得勝之。莊王怪而問曰 : 寡人德薄, 又未嘗異子[8], 子何故出死不疑如是。對曰 : 臣當死。

---

1 絶纓之會(절영지회): 갓끈을 끊은 모임, 넓은 아량이 베풀어지는 흥겨운 모임.

2 莊王(장왕): 춘추시대 초나라 왕으로 춘추오패(春秋五霸)의 한사람이다. 즉위한 뒤 손숙오(孫叔敖)를 기용하여 부국강병을 이루었다.

3 告(곡): 아뢰다

4 今者(금자): 지금 이때에

5 趣(촉): 재촉하다

6 奈何~ 乎(내하~ 호): 어찌하여 ~하겠는가?

7 居三年(거삼년): 삼년이 지나고

往者[9]醉失禮, 王隱忍[10]不加誅也, 臣終不敢以蔭蔽之德而不顯報王也。常願肝腦塗地[11], 用頸血湔敵, 久矣, 臣乃夜絶纓者也。

遂敗晉軍, 楚得以强[12], 此有陰德[13]者必有陽報也。

『說苑[14]·復恩篇』

---

8 未嘗異子(미상이자): 일찍이 그대를 특별하게 대우하지 않았다.

9 往者(왕자): 예전에

10 隱忍(은인): 겉으로 나타내지 않고 견디어 참아내다. (隱忍自重: 참고 견디며 스스로 몸가짐을 조심함

11 肝腦塗地(간뇌도지): 참혹한 죽임을 당하여 간과 뇌가 땅에 으깨졌다는 뜻으로 제 목숨을 돌보지 않고 온 힘을 다하는 것을 말함.

12 得(득): 할 수 있었다.

13 陰德(음덕): 몰래 쌓은 덕

14 說苑(설원): 한(漢)대 학자인 유향(劉向)이 황실과 민간에서 수집한 책의 내용을 편집해 엮은 책이다. 고대부터 한나라까지의 여러 교훈적 일화 등이 실려 있다.

11. 青出於藍[1]

學不可以[2]已[3]。青取之於藍[4], 而青於藍。冰水為之, 而寒於水。木直中繩, 輮以為輪[5], 其曲中規, 雖[6]有槁暴[7], 不復挺者, 輮使之然也。

故木受繩則直, 金就礪則利, 君子博學而日參省乎己[8], 則智明而行無過矣。故不登高山, 不知天之高也, 不臨深溪, 不知地之厚也, 不聞先王之遺言, 不知學問之大也。干越夷貉之子[9], 生而同聲, 長而異俗, 敎使之然也。

『荀子[10]·勸學篇』

---

1 青出於藍(청출어람): 푸른색이 쪽 풀에서 나오다. 제자가 스승보다 뛰어나고, 자식이 부모보다 뛰어날 때 쓴다. 於(어): ~보다

2 可以(가이): ~할 수 있다.

3 已(이): 지(止)의 뜻으로 '그치다'의 의미

4 藍(람): 푸른 물감을 만드는 재료가 되는 쪽 풀이다. 於(어): ~에서, ~보다

5 輮(유): 바퀴테, 불에 달구어 구부린 바퀴

6 雖~ 不~(수~ 불~): 비록 ~하더라도 ~하지 못하다.

7 槁暴(고폭): 말리고 햇볕을 쬠

8 日參省乎己(일삼성호기): 날마다 세 번 나 자신을 반성한다는 『논어·학이편』에서 따온 것이다.

9 干越夷貉(간월이맥): 간(干)은 오(吳)나라에 망한 소국, 맥(貉)은 북방 소수민족으로 여러 이민족을 지칭한 것이다.

10 荀子(순자): 전국시대 말기의 유학자로 이름은 순황(荀況)이다. 순자의 사상을 모아놓은 책 이름이기도 하다.

12. 多多益善[1]

上常從容與信言諸將能不[2], 各有差[3]。上問曰, 如我[4], 能將幾何,[5] 信曰 : 陛下不過能將十萬。上曰 : 於君何如[6], 曰 : 臣, 多多而益善耳。

上笑曰 : 多多益善, 何爲[7]爲我禽, 信曰 : 陛下, 不能將兵, 而善將將[8]。此乃信之所以[9]爲陛下禽也。且陛下[10], 所謂天授, 非人力也。

『史記·淮陰侯列傳[11]』

---

1 多多益善(다다익선): 많으면 많을수록 더욱 좋다.

2 上(상): 황제, 한나라 고조 유방(劉邦)을 가리킴, 유방에게는 뛰어난 신하들이 있었다. 장량(張良-책략), 소하(蕭何-행정), 한신(韓信-전쟁). 常(상): 일찍이 상(嘗)과 통용

3 差(차): 의견의 차이

4 如我(여아): 나와 같은 이는

5 幾何(기하): 얼마인가?

6 於(어): ～에게 있어서는, 何如(하여): 어떠한가?

7 何爲(하위): 무엇 때문에

8 將將(장장): 장수를 거느리다.

9 所以(소이): 까닭

10 且(차): 게다가

11 史記(사기): 사마천(司馬遷)이 쓴 역사책으로 삼황오제(三皇五帝) 시대부터 한(漢) 무제(武帝)까지의 역사를 포괄하여 저술한 통사이다. 回音侯(회음후): 회음 땅을 분봉 받은 제후로 곧 한신을 말한다.

13. 管鮑之交[1]

管仲[2]曰 : 吾始困時, 嘗與鮑叔[3]賈, 分財利, 多自與[4], 鮑叔不以我爲貪, 知我貧也。吾嘗爲鮑叔謀事, 而更窮困, 鮑叔不以我爲愚, 知時有利不利也。

吾嘗三仕, 三見[5]逐於君, 鮑叔不以我爲不肖[6], 知我不遭時也。吾嘗三戰三走, 鮑叔不以我爲怯, 知我有老母也。公子糾敗, 召忽[7]死之, 吾幽囚受辱, 鮑叔不以我爲無恥, 知我不羞小節[8], 而恥功名不顯于天下也。生我者父母, 知我者鮑子也。

鮑叔旣進管仲, 以身下之, 子孫世祿於齊, 有封邑[9]者十餘世, 常爲名大夫。天下不多[10]管仲之賢, 而多

---

1 管鮑之交(관포지교): 관중과 포숙의 사귐, 어떤 경우에도 서로를 이해하는 절친한 친구 사이를 말함.

2 管仲(관중): 처음에 공자 규(糾)를 섬기다가 포숙의 추천으로 제(齊)나라 환공(桓公)의 재상이 되어 제나라의 부국강병을 달성하였다.

3 鮑叔(포숙): 공자 소백(小白)을 섬겼는데, 그가 제 환공(桓公)이 되었다. 관중의 어릴 적 친구로 그를 추천하여 재상의 자리에 앉게 했다.

4 多自與(다자여): 자신에게 많이 주었다.

5 見(견): ~되어지다. 피동의 의미를 만들어 주는 글자

6 不肖(불초): '어리석다'라는 의미로 불초현부(不肖賢父)의 준말이다.

7 召忽(소홀): 공자 규(糾, 제환공의 형)의 신하로 관중과 함께 규를 섬기다가 그가 죽자 절개를 지키려고 따라 죽었다.

8 小節(소절): 작은 절개, 사소한 일을 의미

9 封邑(봉읍): 왕이 제후에게 내리는 땅을 말한다.

10 多(다): '칭찬하다'의 의미로 쓰이고 있다.

鮑叔能知人也。

『史記·管晏列傳[11]』

11 管晏列傳(관안열전): 사기(史記)에 실려 있는 관중(管仲)과 안영(晏嬰)의 열전이다.

14. 塞翁之馬[1]

夫禍福之轉而相生[2], 其變難見[3]也。近塞上[4]之人, 有善術[5]者, 馬無故亡而入胡, 人皆弔之。其父[6]曰 : "此何遽[7]不爲福乎?"

居[8]數月, 其馬將胡駿馬而歸, 人皆賀之。其父曰 : "此何遽不能爲禍乎?"

家富良馬, 其子好騎, 墮而折其髀[9], 人皆弔之。其父曰 : "此何遽不爲福乎?" 居一年, 胡人大入塞, 丁壯者[10]引弦[11]而戰。

---

1 塞翁之馬(새옹지마): 변방 늙은이의 말, 인생의 복(福)과 화(禍)는 변화가 많아 헤아릴 수가 없다는 뜻이다. 비슷한 의미로 화무십일홍(花無十日紅)이 있다.

2 相生(상생): 서로 원인이 되어 결과가 생겨남

3 難見(난견): 알기 어렵다.

4 塞上(새상): 중국의 북쪽 변경지대에. 井上(정상): 우물가에

5 善術(선술): 복술, 즉 점치는 일을 잘한다.

6 父(보): 노인에 대한 존칭, 어르신 보

7 何遽(하거): 어찌하여, 거(遽)는 어찌 거(詎)와 같은 의미로 보아 의문부사로 보기도 하고, 갑자기 거(遽)로 보아 '어찌 갑자기'로 해석하기도 한다.

8 居(거): 지나다, 경과하다.

9 髀(비): 넓적다리, 비(髀)와 같이 쓰임.

10 丁壯者(정장자): 건장한 사내, 정(丁)은 20대, 장(壯)은 30대 남자를 지칭

11 弦(현): 활시위

近塞之人, 死者十九, 此獨以跛之故[12], 父子相保。故福之爲禍, 禍之爲福, 化[13]不可極, 深不可測也。

『淮南子[14]·人間訓』

12 以～之故(이～지고): ～한 까닭으로, ～ 때문에.

13 化(화): 조화, 변화, 바뀜

14 淮南子(회남자): 전한(前漢) 시기 회남왕(淮南王) 유안(劉安)이 편찬한 백과사전격의 책이다.

15. 刻舟求劍[1]

楚人有涉江者, 其劍自[2]舟中墜於水, 遽刻其舟曰 : "是吾劍之所從墜." 舟止, 從其所刻者, 入水求之[3]。舟已行矣, 而劍不行, 求劍若此, 不亦惑乎[4]?

『呂不韋[5], 呂氏春秋[6]·察今篇』

---

1 刻舟求劍(각주구검): 배에 새겨 칼을 찾는다. 세상일에 어둡고 어리석을 때 이르는 말이다. 비슷한 사자성어로 守株待兎(수주대토)가 있다.

2 自(자): ~로 부터 = 從

3 之(지): 지시대명사로 검(劍)을 가리킨다.

4 不亦惑乎(불역혹호): '또한 미혹된 것이 아니겠는가?' 어세를 부드럽게 하면서 권유하는 관용적인 반문형이다. 『논어·학이편』 "學而時習之, 不亦說乎. 有朋自遠方來, 不亦樂乎. 人不知而不慍, 不亦君子乎."

5 呂不韋(여불위, B.C770～B.C221): 전국시대 말기 막대한 부를 축적한 대상인으로 진(秦)나라의 재상에 올랐다. 진시황제의 생부라는 설이 있다.

6 呂氏春秋(여씨춘추): 여불위(呂不韋)가 막대한 사재를 풀어 3000여 명의 식객을 모아 고금의 정치, 경제, 사상, 문화, 역사 등을 총망라하여 백과사전식으로 완성한 책이다.

16. 結草報恩[1]

秋七月, 秦桓公, 伐晉, 次于輔氏[2]。壬午, 晉候治兵于稷[3], 以略狄土[4], 立黎侯而還, 及雒[5], 魏顆[6]敗秦師于輔氏, 獲杜回, 秦之力人也。

初魏武子[7]有嬖妾, 無子, 武子病, 命顆曰 : 必嫁是[8]。疾病[9], 則曰 : 必以爲殉。及卒, 顆嫁之曰 : 疾病則亂, 吾從其治也。

及輔氏之役[10], 顆見老人結草以亢[11]杜回, 杜回跌而顚, 故獲之。夜夢之曰 : 余, 而[12]所嫁婦人之父也,

1 結草報恩(결초보은): 풀을 엮어서 은혜를 갚다. 죽어서도 은혜를 잊지 않고 꼭 갚는다는 의미이다.

2 次(차): 머무르다, 주둔하다. 輔氏(보씨): 진(晉)나라의 지명으로 섬서성(陝西省) 서북쪽에 있는 땅이다.

3 稷(직): 지명

4 狄土(적토): 오랑캐 땅

5 雒(낙): 지명

6 魏顆(위과): 위무자(魏武子)의 아들로, 장수이다.

7 魏武子(위무자): 진(晉)나라 문공(文公)이 천하를 주유할 때 보필했던 충신으로 조희(祖姬)라는 애첩이 있었다.

8 是(시): 대명사로 이 사람

9 疾病(질병): 병이 심해짐

10 役(역): 일, 사건, 여기서는 전쟁할 때

11 亢(항): 막다, 가리다.

爾用先人之治命[13], 余是以[14]報。

『春秋左氏傳[15]·宣公15年』

---

12 而(이): 너 이(爾)와 같은 의미로 쓰였다.

13 治命(치명): 죽을 무렵, 정신이 맑을 때의 유언(遺言)을 이르는 말로 상대어는 난명(亂命)이다.

14 是以(시이): 이 때문에

15 春秋左氏傳(춘추좌씨전): 공자가 편찬한 것으로 전하는 역사서인『춘추(春秋)』의 주석서로 중국 춘추시대의 역사를 기록한 책이다.

17. 臥薪嘗膽[1]

吳伐越, 闔廬傷而死, 子夫差立[2], 子胥[3]復事之。夫差志復讐, 朝夕臥薪中, 出入使人呼曰 : "夫差, 而[4]忘越人之殺而父耶."

周敬王二十六年, 夫差敗越于夫椒[5], 越王句踐, 以餘兵棲會稽山, 請爲臣, 妻爲妾。子胥言不可, 太宰[6]伯嚭受越賂, 說[7]夫差赦越。句踐反國, 懸膽於坐臥, 卽仰膽嘗之曰 : "女[8]忘會稽之恥耶." 擧國政屬[9]大夫種[10], 而與范蠡[11]治兵, 事謀吳。

---

1 臥薪嘗膽(와신상담): 땔나무에 누워서 자고, 쓸개를 맛보다. 오(吳)나라 부차(夫差)와 월(越)나라 구천(句踐)의 이야기로 원수를 갚기 위해 힘듦과 괴로움을 모두 참고 견딘다는 의미이다.

2 立(입): 서다, 즉 왕위를 계승하다는 의미이다.

3 子胥(자서): 오자서로 오(吳)나라 합려와 부차를 섬겼는데, 태재 백비(伯嚭)의 참소로 자결하였다.

4 而(이): 너 =爾, 곧 부차 자신을 부르게 한 말이다.

5 夫椒(부초): 부초산

6 太宰(태재): 육관(六官)을 총괄하여 나라를 다스리며 왕을 보좌하는 총리 관직이다.

7 說(세): 유세하다, 설득하다.

8 女(여): 너

9 屬(촉): 맡기다.

10 種(종): 인명, 월나라 정치를 맡았던 대부 벼슬의 인명이다.

11 范蠡(범여): 구천(句踐)을 도와 오(吳)에 설욕하였으나 구천이 고난은 함께 할

『十八史略[12]·春秋戰國』

수 있는 사람이나 행복은 함께 누리기 어려운 사람이라는 것을 알고 서시(西施)와 함께 은둔하여 살았다. 나중에 스스로 치이자피(鴟夷子皮)라 일컫고 재물을 모았다가 그 재물을 모두 흩어 백성들에게 나누어 준 다음 다시 도(陶) 땅에 가서 호를 도주공(陶朱公)이라 하고 은둔하였다고 전한다.

12 十八史略(십팔사략): 원(元)나라 때 증선지(曾先之)가 편찬한 역사서이다. 원명은 『고금역대십팔사략(古今歷代十八史略)』이다. 태고(太古) 때부터 송나라 말까지의 역사를 담고 있는 초학자를 위한 역사서이다.

18. 苛政猛於虎[1]

孔子過泰山側, 有婦人哭於墓者而哀, 夫子[2]式[3]而聽之, 使子路[4]問之曰 : 子之哭也, 壹似[5]重有憂者。而曰 : 然[6]。昔者, 吾舅[7]死於虎, 吾夫又死焉[8], 今吾子又死焉。夫子曰: 何爲[9]不去也? 曰: 無苛政。夫子曰 : 小子[10], 識[11]之, 苛政, 猛於虎也。

『禮記[12]·檀弓下』

---

1 苛政猛於虎(가정맹어호): 가혹한 정치가 호랑이보다 사납다. 잘못된 정치의 폐해가 맹수보다 사납다는 것을 경계한 말이다.

2 夫子(부자): 최상의 높임말로 선생님의 뜻, 공자를 일컬음

3 式(식): 예를 표하다.

4 子路(자로, B.C543～B.C480): 성은 중(仲), 이름은 유(由)이다. 계로(季路)로도 불렸다. 공자(孔子)보다 9년 연하인 제자로 제자 중 가장 연장자였다. 적군의 칼에 갓끈이 끊어지자 "군자는 죽더라도 관은 벗지 않는다"라고 하면서 갓 끈을 다시 매고 죽었다고 한다.

5 壹似(일사): 한결같이

6 然(연): 시(是)와 같다.

7 舅(구): 시아버지, 시어머니는 고(姑)이다.

8 焉(언): = 於之, 也

9 何爲(하위): 무엇 때문에

10 小子(소자): 제자나 손아랫사람을 사랑스럽게 부르는 말

11 識(지): 기억할지, 적을지의 의미를 지니고 있다.

12 禮記(예기): 유교 경전서인 오경(五經)의 하나로 예에 관한 기록과 해설을 정리한 책이다.

19. 助長[1]

宋人有閔其苗之不長而揠之者[2], 芒芒然[3]歸, 謂其人[4]曰 : 今日, 病[5]矣, 予助苗長矣。其子趨而往視之, 苗則槁矣。

天下之不助苗長者寡矣, 以爲無益而舍之者[6], 不耘苗者也。助之長者, 揠苗者也, 非徒無益, 而又害之[7]。

『孟子·公孫丑上』

---

1 助長(조장): 자라는 것을 돕다. 일을 조급하게 처리하려다가 오히려 망치는 경우를 이른다. 욕속부달(欲速不達)의 의미가 있다.

2 有～ 者(유～ 자): ～하는 자가 있었다. 揠(알): 뽑아올리다.

3 芒芒然(망망연): 어리석은 모양

4 其人(기인): 그 사람들, 즉 가족들

5 病(병): 힘들다, 지치다.

6 以爲A 而B(이위A 이B): A라고 여겨서 B하다.

7 非徒A 而又B(비도A 이우B): 다만 A뿐 아니라, 또 B이다.

20. 知音[1]

伯牙[2]善鼓琴, 鍾子期[3]善聽。伯牙鼓琴, 志在登高山, 鍾子期曰 : "善哉! 峨峨兮若泰山"。志在流水, 鍾子期曰 : "善哉! 洋洋兮若江河"。伯牙所念, 鍾子期必得之。

伯牙游於泰山之陰[4], 卒逢暴雨, 止於巖下, 心悲, 乃援琴而鼓之, 初爲霖雨之操[5], 更造崩山之音。曲每奏, 鍾子期輒[6]窮其趣, 伯牙乃舍琴而嘆曰 : "善哉! 善哉! 子之聽夫。志想象[7]猶吾心也, 吾於何[8]逃聲哉?"

---

1 知音(지음): 음을 알아주다. 서로의 속마음을 알아주는 친구를 일컫는다. 최치원의 시 「秋夜雨中」 가운데, "秋風惟苦吟, 世路少知音." 구절이 있다.

2 伯牙(백아): 춘추시대 초나라 사람으로 금(琴)의 대가이다.

3 鍾子期(종자기): 춘추시대 초나라 사람으로 음률을 정확히 구별했던 인물이다.

4 泰山之陰(태산지음): 태산의 북쪽

5 操(조): 잡을 조, 곡조, 풍치.

6 輒(첩): ~하기만 하면 번번이 ~하다.

7 想象(상상): '상상하다'의 상상(想像)과 같은 의미로 쓰임.

8 於河(어하): 어디로, 자신의 거문고 소리가 종자기의 이해를 벗어날 수 없다는 의미이다.

鍾子期死, 伯牙破琴絶絃, 終身不復鼓琴, 以爲世無足復爲鼓琴者。

『列子[9]·湯問篇』

[9] 列子(열자): 전국시대 도가(道家) 사상가로 이름은 열어구(列禦寇)이다. 그의 저서 『열자』는 『노자』, 『장자』와 함께 도가사상을 담고 있는 주요 저서이다.

제3장

명문편(名文篇)

1. 春夜宴桃李園序[1]

李白[2]

夫天地[3]者 萬物之逆旅[4], 光陰[5]者百代[6]之過客。而浮生若夢[7], 爲歡幾何? 古人秉燭夜遊[8], 良有以也[9]。況陽春[10]召我以煙景, 大塊[11]假我以文章[12] 。

1 春夜宴桃李園序(춘야연도리원서): 이백이 봄밤에 가족 친지와 함께 복숭아 오얏 꽃이 만발한 정원에서 잔치를 열고 각자 시를 지으며 놀았는데, 그 시편을 모으고 그 서문으로 당시의 감상을 적은 글이다.

2 李白(이백, 701~762): 자(字)는 태백(太白)이며 호는 청련거사(靑蓮居士)이다. 촉 땅에서 자라나 25세에 장대한 뜻을 품고 산천을 유람하며 당시의 사회적 상황을 이해하고 체득하였다. 하지장(賀知章)은 태백(太白)의 촉도난(蜀道難) 시를 읽고 마치 하늘에서 귀양 온 신선 같다고 하여 적선인(謫仙人)이라 감탄하였다. 잠시 한림공봉(翰林供奉)에 봉해졌으나 곧 장안을 떠난다. 안사의 난이 일어나자 영왕 이린(永王 李璘)의 막부에 참가하여 충정을 보였으나 오히려 역적으로 몰려 하옥되고 곽자의(郭子儀)의 도움으로 사형을 면했다. 야랑(夜郎)으로 유배 가던 중 사면되었다. 역사는 그를 시선(詩仙)으로 평가했다. 저서에 『이태백집(李太白集)』이 있다. 두보의 「음중팔선가(飮中八仙歌)」에서는 이백을 두고 '술 한잔에 시가 백 편'이라고 노래했다.

3 天地(천지): 하늘과 땅으로 곧 이 세상을 말한다.

4 逆旅(역려): 나그네를 맞이하는 곳, 즉 여관으로 역(逆)은 '맞이할 迎(영)'의 의미이다.

5 光陰(광음): 빛과 그림자로 곧 시간, 세월을 의미

6 百代(백대): 사람의 일생을 일대(一代)로 표현하니 곧 영원한 시간을 말한다.

7 若夢(약몽): 꿈과 같은 덧없고 짧은 시간을 의미

8 古人秉燭夜遊(고인병촉야유): 옛사람이 촛불 잡고 밤에 놀다. 한(漢)나라 때 무명씨의 작품 "낮은 짧고 밤은 길어 괴로우니, 어찌 촛불 밝혀 놀지 않으랴.(晝短苦夜長, 何不秉燭遊)에서 따온 구절이다.

9 有以(유이): 이유, 까닭이 있다.

10 陽春(양춘): 따뜻한 봄

會桃李之芳園, 序天倫[13]之樂事。群季俊秀, 皆爲惠連[14], 吾人詠歌, 獨慚康樂[15]。幽賞未已, 高談轉清. 開瓊筵[16]以坐花, 飛羽觴[17]而醉月。不有佳作, 何伸雅懷。如詩不成, 罰依金谷酒數[18]。

---

11 大塊(대괴): 천지, 대자연, 조물주 등의 의미

12 文章(문장): 무늬, 자연의 장식으로 봄날 아름다운 대자연의 모습이다.

13 序天倫(서천륜): 천륜을 펼치다. 하늘이 부여한 혈육과 사랑을 나눈다는 의미이다.

14 惠連(혜연): 위진남북조 송(宋)의 사혜연(謝惠連, 397~433)으로 사령운과 시를 짓고 놀았던 친족이다.

15 康樂(강락): 위진남북조 송(宋)의 사령운(謝靈運, 385~433)으로 강락후(康樂侯)로 봉해져 사강락이라 부른다.

16 瓊筵(경연): 훌륭한 잔치, 훌륭한 인물들이 모인 잔치.

17 羽觴(우상): 새 깃 형상이 있는 술잔

18 金谷酒數(금곡주수): 위진남북조 시기 진(晉)나라 석숭(石崇)이 금곡원(金谷園)에서 연회를 베풀며 손님들에게 시를 짓게 하여 못하면 벌로 술 석 잔을 마시게 했다는 고사에서 유래한 술 석 잔이다. 금곡(金谷)은 하남성(河南省) 낙양현(洛陽縣)의 서쪽에 있는 골짜기로 금수(金水) 같은 물이 흘렀다고 한다.

2. 五柳先生傳[1]

陶淵明[2]

先生不知何許人,[3] 亦不詳其姓字, 宅邊有五柳樹, 因以爲號焉。閑靖[4]少言, 不慕榮利,[5] 好讀書, 不求甚解,[6] 每有意會, 便欣然[7]忘食。性嗜酒, 家貧, 不能常得,[8] 親舊知其如此, 或置酒而招之, 造飮輒盡, 期在必醉, 旣醉而退, 曾不吝[9]情去留。

---

1 五柳先生傳(오류선생전): 도연명이 자신의 집 근처에 다섯 그루의 버드나무를 심어 자신의 호로 삼고, 그 전을 지어 자신의 성격과 신념을 밝혀놓은 글이다.

2 陶淵明(도연명, 365～427): 이름은 잠(潛)이고 자(字)가 연명(淵明)이다. 동진(東晉)의 전원시인으로 일찍이 집 앞에 버드나무 다섯 그루를 심고, 오류(五柳)선생이라 자칭하였다. 41세에 호구지책으로 팽택현령(彭澤縣令)으로 부임하였는데 80여 일 만에 사직하고, 「귀거래사(歸去來辭)」를 읊으며 고향으로 돌아왔다. 주요 작품으로 「오류선생전(五柳先生傳)」 「도화원기(桃花源記)」 「귀거래사(歸去來辭)」 등이 있으며, 문집으로 『도연명집(陶淵明集)』이 있다. 그의 문학은 동양문화에 끼친 영향력이 지대하다.

3 何許人(하허인): 무엇으로 허여해야 할 사람인가? 어디에 사는 사람인지, 무엇을 하는 사람인지 알지 못하겠다고 함으로써 오히려 자신을 타인처럼 객관화하고 있다.

4 閑靖(한정): 고요하면서 마음이 편안하다.

5 榮利(영리): 명예와 재물

6 不求甚解(불구심해): 잘 알 수 없는 것을 골똘하게 깊이 파고들어 이해를 구하지 않는다.

7 欣然(흔연): 흡족하게 기뻐하는 모양

8 不能常得(불능상득): '항상 얻을 수는 없다.' 부분 부정형이다.

9 不吝(불린): 미련을 두거나 애석해하지 않는다. 자신이 하고 싶은 대로 한다는 의미이다.

環堵[10]蕭然, 不蔽風日, 短褐穿結, 簞瓢屢空, 晏如也。常著文章自娛, 頗示己志, 忘懷得失, 以此自終。

10 環堵蕭然(환도소연): 도(堵)는 5판(版)으로 1판은 1장(丈)이다. 사방에 약 5장(丈)의 벽을 두른 작은 방을 의미한다.

3. 愛蓮說[1]

周敦頤[2]

水陸草木之花, 可愛者甚蕃[3]。晉陶淵明[4]獨愛菊, 自李唐[5]來, 世人甚愛牡丹[6]。

予獨愛蓮之出於淤泥[7]而不染, 濯清漣[8]而不夭, 中通[9]外直, 不蔓不枝, 香遠益清, 亭亭[10]淨植[11], 可遠觀而不可褻翫[12]焉。

---

1 愛蓮說(애련설): 군자와 닮은 덕을 갖춘 연꽃을 사랑하는 것에 대한 이유를 적은 글이다.

2 周敦頤(주돈이, 1017～1073): 북송(北宋)의 유학자로 자(字)는 무숙(茂淑), 호는 렴계(濂溪)이다. 도가사상의 영향을 받고 새로운 유학이론을 창시하여 성리학의 기초를 닦았다. 저서로 『태극도설(太極圖說)』이 있다.

3 蕃(번): 풀이 우거져 무성하다는 뜻에서, 많음을 의미하게 되었다.

4 陶淵明(도연명, 365～427): 위진남북조 동진(東晉)의 전원시인으로 이름은 도잠(陶潛)이며 자가 연명, 호는 오류(五柳)선생이다. 국화와 술을 사랑한 시인으로 그의 「음주(飮酒)」 시에 "彩菊東籬下, 悠然見南山" 구절이 있다.

5 李唐(이당): 이(李)씨 당(唐)나라, 이연(李淵)이 당(唐)나라를 개국했기에 이렇게 부른 것이다.

6 牡丹(모란): 당 측천무후(則天武后)가 모란을 사랑하여 궁중에 심자 백성들이 다투어 부귀영화를 바라며 심었다.

7 淤泥(어니): 저수지 밑바닥의 진흙이다.

8 清漣(청연): 맑은 잔물결

9 中通(중통): 연꽃 줄기가 속이 비어있는 것을 의미한다. 이는 군자가 마음을 비운 것에 비유한 것이다.

10 亭亭(정정): 꼿꼿하게 우뚝 서 있는 모습

11 淨植(정식): 깨끗하게 서 있다는 의미이다.

12 褻翫(설완): 가까이 두고 제멋대로 매만지고 희롱하는 것

予謂, "菊, 花之隱逸[13]者也 ; 牡丹, 花之富貴者也 ; 蓮, 花之君子者也." 噫! 菊之愛, 陶後鮮[14]有聞, 蓮之愛, 同予者何人? 牡丹之愛, 宜乎衆矣。

---

13 隱逸(은일): 속세를 피해 지조를 지키며 숨어 사는 것

14 鮮(선): 거의 없다. 드물다.

4. 喜雨亭記[1]

蘇軾[2]

亭以雨名, 志[3]喜也。古者有喜, 則以名物, 示不忘也。周公得禾[4], 以名其書, 漢武得鼎[5], 以名其年, 叔孫勝敵[6], 以名其子。其喜之大小不齊, 其示不忘一也。

予至扶風[7]之明年, 始治官舍, 爲亭於堂之北, 而鑿

1 喜雨亭記(희우정기): 송(宋) 인종(仁宗) 때 오래도록 가뭄이 들어 온 나라가 근심하던 차에 연일 비가 쏟아졌다. 마침 정자가 완성되자 소식이 정자 이름을 희우정이라 짓고, 동료들과 정자에서 주연을 열어 서로 축하하고 이 글을 지었다. 당시 소식의 나이 27세였다.

2 蘇軾(소식, 1036~1101): 북송(北宋)시대의 문인. 자(字)는 자첨(子瞻), 호는 동파(東坡)로 사천(泗川) 미산(眉山) 사람이다. 아버지 소순(蘇洵), 동생 소철(蘇轍)과 함께 3소(三蘇)라 불리며, 모두 당송 8대가의 한 사람이다. 유가 사상을 바탕으로 불가, 도가 사상을 받아들여 3가의 철학을 통합시킨 대문호로 시(詩), 사(詞), 고문(古文), 서화(書畫)에 두루 뛰어났다. 그의 정치 인생은 폄적과 유배를 반복하는 고난이었지만 주관적 정신세계로 승화하였다는 평을 받는다. 문집으로 『동파전집(東坡全集)』이 있으며, 전후 『적벽부(赤壁賦)』가 유명하다.

3 志(지): 기억하다, 기념하다.

4 周公得禾(주공득화): 나라 안에 진기한 곡물이 나서 천자에게 헌상하였는데, 주공은 천하가 화동할 길조라 여겨 『서경(書經)·가화편(嘉禾篇)』을 지었다.

5 漢武得鼎(한무득정): 한(漢) 무제가 분수(汾水)가 후토(煦土)의 사당 곁에서 보정(寶鼎)을 얻어 연호를 원정(元鼎)이라 고쳤다.

6 叔孫勝敵(숙손승적): 노(魯)나라 숙손이 장적(長狄)과 싸워서 적장 교여(僑如)를 잡고, 그 공을 기념하기 위해 아들 이름을 교여라 하였다.

7 扶風(부풍): 섬서성(陝西省) 봉상부(鳳翔府)에 있는 현 이름

池其南, 引流種樹, 以爲休息之所。是歲之春, 雨[8]麥於岐山之陽[9], 其占爲有年[10]。旣而彌月[11]不雨, 民方以爲憂, 越三月, 乙卯乃雨, 甲子又雨, 民以爲未足, 丁卯大雨, 三日乃止。官吏相與慶於庭, 商賈[12]相與歌於市, 農夫相與抃[13]於野, 憂者以樂, 病者以愈, 而吾亭適成。

於是擧酒於亭上, 以屬客而告之曰 : 五日不雨可乎? 曰 : 五日不雨則無麥。十日不雨可乎? 曰 : 十日不雨則無禾。無麥無禾, 歲且荐饑, 獄訟繁興, 而盜賊滋熾, 則吾與二三子[14], 雖欲優游[15]以樂於此亭, 其可得耶? 今天不遺斯民, 始旱而賜之以雨, 使吾與二三子, 得相與優游以樂於此亭者, 皆雨之賜也, 其又可忘耶?

---

8 雨(우): 뿌리다, 내리다.

9 陽(양): 산의 남쪽, 물의 북쪽, 예: 한양(漢陽)

10 有年(유년): 풍년

11 彌月(미월): 만 1개월

12 商賈(상고): 떠돌아다니는 행상(行商)과 한 장소에 머물러 장사하는 사람을 모두 일컫는 말

13 抃(변): 기뻐서 손뼉을 침

14 二三子(이삼자): 여러 사람을 아울러 부르는 말로 제군들과 같은 의미

15 優遊(우유): 한가롭게 노닐다.

既以名亭, 又從而歌之, 歌曰 : 使天而雨珠, 寒者不得以爲襦[16], 使天而雨玉, 飢者不得以爲粟。一雨三日, 繄[17]誰之力? 民曰太守[18], 太守不有, 歸之天子, 天子曰不然, 歸之造物, 造物不自以爲功, 歸之太空, 太空冥冥。不可得而名, 吾以名吾亭。

16 襦(유): 저고리와 같은 짧은 옷

17 繄(예): 이 시(是), 이 차(此)의 뜻으로 쓰였다. 이 누구의 힘이런가?

18 太守(태수): 당시의 태수 진희량(陳希亮)을 가리킨다. 당시 동파가 진희량의 막하(幕下)에 있었다.

5. 原人[1]

韓愈[2]

形[3]於上者, 謂之天, 形於下者, 謂之地, 命於其兩間者, 謂之人, 形於上, 日月星辰, 皆天也; 形於下, 草木山川, 皆地也, 命於其兩間, 夷狄禽獸皆人也。曰[4]: "然則吾謂禽獸曰人, 可乎?" 曰 : "非也。指山而問焉曰山乎 曰山可也, 山有草木禽獸皆擧之矣, 指山之一草而問焉曰山乎, 曰山則不可。"

故天道亂而日月星辰, 不得其行, 地道亂而草木山川, 不得其平[5], 人道亂而夷狄禽獸, 不得其情[6], 天

---

1 原人(원인): 인간의 본질을 추론하고 규명한 글이다.

2 韓愈(한유, 768～824): 중당(中唐) 시기의 문장가로 자(字)는 퇴지(退之), 호는 창려(昌黎), 시호는 문공(文公)이다. 어려서 부모를 여의고 형수에게 자랐으나 감찰어사(監察御史), 형부시랑(刑部侍郎), 이부시랑(吏部侍郎) 등의 중책을 역임했다. 유종원(柳宗元)과 함께 화려한 변문(騈文)을 반대하고 뜻을 전달하는 것에 목적을 둔 자유로운 형식의 고문 운동을 선도하여 산문 발전에 큰 공을 세웠다. 당송팔대가의 한 사람이다. 유가를 존중하고 도교, 불교를 배척하였으며 시문집으로 『창려선생집(昌黎先生集)』이 있다.

3 形(형): 형상으로 나타나는 것

4 曰(왈): '누군가 묻는다면' 대답하겠다는 뜻으로 논리를 전개해나가는 방법 중 한 가지이다.

5 平(평): 안정되어 평안한 상태

6 情(정): 처음 부여된 본연의 성정

者日月星辰之主也, 地者草木山川之主也, 人者夷狄禽獸之主也, 主而暴之[7], 不得其爲主之道矣。是故聖人一視而同仁, 篤近而擧遠。

[7] 主而暴之(주이폭지): 주재자이면서 포악하게 대하는 것, 즉 도리에 벗어난 짓을 하는 것을 말함.

6. 種樹郭槖駝傳[1]

柳宗元[2]

郭槖駝[3]不知始何名。病僂[4]隆然[5]伏行, 有類槖駝者, 故鄕人號曰駝。駝聞之曰 : 甚善, 名我固當。因捨其名, 亦自謂槖駝云。其鄕曰豊樂。鄕在長安西。

駝業種樹, 凡長安豪家富人爲觀游, 及賣果者, 皆爭迎取養視[6]。駝所種樹, 或遷徙無不活且碩茂[7], 蚤實[8]以蕃。他植者, 雖窺伺[9]傚慕[10], 莫能如也。

---

1 種樹郭槖駝傳(종수곽탁타전): '나무를 심는 곽탁타의 전기'라는 뜻이다. 곱사등이인 곽탁타가 나무를 심고 가꾸는 탁월한 방법을 보면서 이를 정치와 접목하여 백성을 다스리는 사람들이 본받고 반성하기를 촉구한 글이다.

2 柳宗元(유종원, 773～819): 중당(中唐) 시기의 문장가, 시인으로 자(字)는 자후(子厚)이다. 유하동(柳河東), 유유주(柳柳州)라고도 부른다. 고문의 대가로 한유(韓愈)와 함께 나란히 칭송되는 당송 8대가의 한 사람으로 그의 문장은 간결하면서도 빼어나다. 그는 부정부패를 척결하려다 오히려 좌천되어 22년의 벼슬살이 중 15년을 벽촌에서 보냈다.「천설(天說)」,「봉건론(封建論)」,「포사자설(捕蛇者說)」 등은 부패한 관료를 비판하고 현실을 반영하는 대표작이다. 그의「영주팔기(永州八記」 등의 산문은 산수유기(山水遊記)라는 새로운 문체를 탄생시켰다. 저서에 시문집『유하동집(柳河東集)』이 있다.

3 槖駝(탁타): 낙타이다. 낙타는 등이 자루처럼 융기하였기에 탁타(槖駝)라고도 한다. 여기서는 곱사등이를 말한다.

4 病僂(병루): 등이 굽은 병

5 隆然(융연): 높이 솟은 모양을 나타내는 의태어

6 養視(양시): 거두고 돌보아 줌

7 碩茂(석무): 크고 무성하다.

有問之, 對曰 : 橐駝非能使木壽且孶[11]也。以能順木之天, 以致其性焉爾。凡植木之性, 其本欲舒, 其培欲平, 其土欲故[12], 其築欲密。旣然已[13]勿動勿慮, 去不復顧。其蒔也若子, 其置也若棄, 則其天者全, 而其性得矣。故吾不害其長而已, 非有能碩, 而茂之也。不抑耗[14]其實而已, 非有能蚤而蕃之也。

他植者則不然, 根拳而土易[15], 其培之也, 若不過焉則不及焉。苟有能反是者, 則又愛之太恩, 憂之太勤, 旦視而暮撫, 已去而復顧。而甚者爪其膚以驗其生枯, 搖其本以觀其疏密[16], 而木之性日以離矣。雖曰愛之, 其實害之。雖曰憂之, 其實讐之, 故不我若也。吾又何能爲哉。

---

8 蚤實(조실): 빨리 열매를 맺는다. 蚤(조)는 早(조)와 같다.

9 窺伺(규하): 몰래 엿봄

10 傚慕(효모): 본받으려 하다.

11 孶(자): 자람, 번식하다. 우거지다.

12 故(고): 고(古)와 같은 의미로 본디 나무가 있었던 곳의 흙을 말한다.

13 已(이): 마치다.

14 抑耗(억모): 억눌러서 손상하다.

15 根拳而土易(근권이토역): 뿌리는 주먹처럼 구부러지고 흙은 다른 것으로 바꾼다.

16 疏密(소밀): 뿌리와 흙의 사이가 너무 성글거나 너무 빽빽한 것을 말함.

問者曰 : 以子之道[17]移之官理可乎, 駝曰 : 我知種樹而已, 理非吾業也。然吾居鄉見長人者,[18] 好煩其令, 若甚憐焉, 而卒以禍。旦暮吏來而呼曰 : 官命, 促爾耕, 勖爾植, 督爾穫。蚤繰[19]而緖, 蚤織而縷, 字[20]而幼孩, 遂[21]而鷄豚。鳴鼓而聚之, 擊木[22]而召之。吾小人具飧饔[23]以勞吏者[24], 且不得暇, 又何以蕃吾生。安吾性[25]邪? 故病且怠[26]。若是則與吾業者, 其亦有類乎

問者喜曰 : 不亦善夫! 吾問養樹, 得養人術。傳其事以爲官戒[27]也。

---

17 子之道(자지도): 그대의 도, 즉 나무를 심는 도리

18 長人者(장인자): 사람을 다스리는 벼슬아치. 큰 현의 장관은 '령(令)'이라 하며 작은 현의 장관은 '장(長)'이라 하였다.

19 繰조): 고치를 치다. 실을 잣다.

20 字(자): 양육하다.

21 遂(수): 생장하다. 기르다.

22 擊木(격목): 야경 딱따기를 치다.

23 飧饔(손옹): 저녁밥 손, 아침밥 옹

24 勞吏(노리): 관리들을 위로하다.

25 安吾性(안오성): 우리의 생활을 편안하게 하다. 性(성)은 생명.

26 病且怠(병차태): 병들거나 또 피로해지다.

27 官戒(관계): 관리들을 경계하여 바른 도리를 알게 하다.

7. 歸去來辭[1]

陶淵明[2]

歸去來兮。田園將[3]蕪, 胡不歸? 旣自以心爲形役[4], 奚惆悵而獨悲。悟已往之不諫, 知來者之可追[5]。寔迷塗[6]其未遠, 覺今是而昨非。舟搖搖[7]以輕颺, 風飄飄而吹衣。問征夫[8]以前路, 恨晨光之熹微。

---

1 歸去來辭(귀거래사): 돌아가리라. 도연명의 나이 41세 때 팽택령(彭澤令)이 되었다가 80여일 만에 사직하고 고향으로 돌아가면서 자신의 심경을 적은 글이다.

2 陶淵明(도연명, 365～427) : 남북조 시대, 동진(東晉)·유송(劉宋)의 전원시인이다. 강서성(江西省) 심양(潯陽)에서 태어난 그는 본명이 잠(潛)이고 자(字)가 원량(元亮) 또는 연명(淵明)이다. 도연명은 집안과 노모를 돌보기 위해 팽택(彭澤) 현령 등 주로 지방 하급관리를 지냈다. 하지만 그의 관직 생활은 대부분 일 년을 채 넘기지 못했다. 그의 자유로운 성품이 관직 생활에 맞지 않았던 이유도 있었지만, 당시 관리 사회의 혼탁함에 염증을 느꼈기 때문이다. 평생 은둔하며 시문을 지었는데, 대표작으로 「오류선생전(五柳先生傳)」, 「도화원기(桃花源記)」, 「귀거래사(歸去來辭)」 등이 있다. 그의 문학은 동양문화에 끼친 영향력이 지대하다.

3 將(장): 미래형으로 ~하려하다.

4 心爲形役(심위형역): 마음이 몸의 부림을 당했다. 곧 먹고 살기 위해 마음으로 원하지 않는 벼슬을 했던 일을 말한다.

5 ～諫, ～追(～간, ～추): ～바로잡고, ～따르다. 『논어』의 "往者不可諫, 來者猶可追"에서 나온 말

6 寔(식): 참으로, 迷塗(미도): 길에서 헤매다. 벼슬길로 잘못 들어섰던 것을 의미

7 搖搖(요요): 흔들흔들 움직이는 모양, 飄飄(표표): 살랑살랑 나부끼는 모양.

8 征夫(정부): 나그네, 여기서는 뱃사공을 가리키는 것으로 보임

乃瞻衡宇[9], 載[10]欣載奔。僮僕歡迎, 稚子候門。三徑[11]就荒, 松菊猶存。携幼入室, 有酒盈樽。引壺觴以自酌, 眄庭柯以怡顔。倚南窓以寄傲[12], 審容膝之易安。園日涉以成趣, 門雖設而常關。策扶老以流憩[13], 時矯首而遐觀。雲無心以出峀, 鳥倦飛而知還。景翳翳[14]以將入, 撫孤松而盤桓[15]。

歸去來兮! 請息交以絶游。世與我而相違, 復駕言[16]兮焉求[17]。悦親戚之情話, 樂琴書以消憂。農人告余以春及, 將有事于西疇。或命巾車[18], 或棹孤舟。旣窈窕以尋壑, 亦崎嶇而經丘。木欣欣[19]以向榮, 泉涓涓而始流。羨萬物之得時, 感吾生之行休。

---

9 乃(내): 마침내, 衡宇(형우): 형문옥우(衡門屋宇)의 줄임말로 초라한 집이라는 의미

10 載(재): 어조사

11 三徑(삼경): 뜰 앞에 낸 세 개의 작은 길로 은사가 사는 곳을 의미한다. 소나무길, 대나무길, 국화길로 보기도 한다.

12 寄傲(기오): 남을 의식하지 않고 자신의 고상한 생각으로 스스로 으쓱해 본다는 의미

13 流憩(유게): 목적하는 바가 없어 마음 내키는 대로 아무 곳에서나 휴식함

14 翳翳(예예): 어둑어둑 침침해지는 모양

15 盤桓(반환): 머뭇거리고 서성이는 모습

16 言(언): 허사이다.

17 焉(언): 의문사로 무엇을, 하(何)의 의미로 쓰였다.

18 巾車(건거): 천으로 해를 가린 수레로 소박한 수레이다.

19 欣欣(흔흔): 푸릇푸릇 생기있는 모습

已矣乎! 寓形宇內[20]復幾時, 曷不委心任去留。胡爲乎遑遑欲何之, 富貴非吾願, 帝鄕[21]不可期。懷良辰[22]以孤往, 或植杖而耘耔。登東皐以舒嘯[23], 臨淸流而賦詩。聊乘化以歸盡[24], 樂夫天命[25]復奚疑。

---

20 宇內(우내): 우주 안에, 이 세상

21 帝鄕(제향): 상제가 사는 마을로 곧 신선이 된다는 의미

22 良辰(양신): 좋은 시절

23 舒嘯(서소): 느긋한 마음으로 웅얼웅얼 시를 읊기도 하고 휘파람을 불기도 함

24 乘化以歸盡(승화이귀진): 자연의 변화에 맡겨 죽음으로 돌아간다는 의미

25 樂夫天命(낙부천명): 대저 천명을 즐기다. '樂天知命, 安心立命'의 뜻이다.

8. 陋室銘[1]

劉禹錫[2]

山不在高, 有僊[3]則名。水不在深, 有龍則靈。斯是陋室, 惟吾德馨[4]。苔痕上階綠, 草色入簾青。談笑有鴻儒[5], 往來無白丁[6]。可以調素琴, 閱金經[7]。無絲竹之亂耳, 無案牘之勞形。南陽諸葛廬[8], 西蜀子雲亭[9]。孔子云, 何陋之有?[10]

---

1 陋室銘(루실명): 자신의 집이 보잘것없고 좁은 것을 겸손하게 표현하여 '누추한 집'이라는 뜻으로 루실(陋室)이라 하였다. 그러나 거주하는 사람의 덕만 있으면 부끄러울 것이 없다는 자부심을 표현한 글이기도 하다. 명(銘)은 금석 용기에 새겨서 경계나 반성의 글귀로 삼고자 하는 글의 종류이다.

2 劉禹錫(유우석 772~842): 자(字)는 몽득(夢得)이며 낙양(洛陽)사람이다. 21세에 진사가 되어 이후 감찰어사(監察御史)가 되었다. 왕숙문(王叔文), 유종원(柳宗元) 등과 정치개혁을 시도하다 좌천되어 낭주사마(浪州司馬)가 되었다. 지방과 중앙을 오가는 정치적 부침 속에서도 민간생활에 애정을 가져 민요풍의 걸출한 시를 많이 남겼다. 저서로 『유몽득문집(劉夢得文集)』이 있다.

3 僊(선): 신선 선(仙)과 같은 의미로 속세를 떠나 불로장생의 선술을 익힌 사람이다.

4 馨(형): 향기

5 鴻儒(홍유): 학문이 높은 큰 선비

6 白丁(백정): 낮고 천한 사람이라는 의미로 쓰여 홍유와 대비를 이루었다.

7 金經(금경): 금처럼 귀중한 성인의 말씀을 기록한 소중한 책, 경전들

8 諸葛(제갈): 제갈공명(諸葛孔明)으로 유비(劉備)에게 출사하기 전 남양 땅에 살았다.

9 子雲(자운): 한(漢)나라 양웅(揚雄)의 자(字)로 대학자이며 문인이었다. 촉(蜀)지방, 성도(成都) 사람이기에 서촉이라 하였다.

10 何陋之有(하루지유): 『논어·자한편(論語·子罕篇)』에 공자께서 '구이(九夷)에 살려고 하니, 혹자가 누추하니 어찌할 것인가?'라고 하자 공자께서 '군자가 거처하는데 무슨 누추할 것이 있겠는가?'라고 하였다.

9. 獨樂園記[1]

司馬光[2]

迂叟[3]平日讀書, 上師聖人, 下友群賢。窺仁義之原, 探禮樂之緒[4]。自未始有形[5]之前, 暨四達無窮之外[6], 事物之理, 擧集目前。可者學之, 未至夫可, 何求於人, 何待於外哉。

志倦體疲, 則投竿取魚, 執衽[7]采藥, 決渠灌花, 操斧剖竹, 濯熱盥水, 臨高縱目。逍遙徜徉[8], 惟意所適。明月時至, 清風自來, 行無所牽, 止無所柅[9]。耳目肺

---

1 獨樂園記(독낙원기): 홀로 즐기는 정원. 북송의 명재상 사마광(司馬光)이 자신의 정원에서 유유자적하는 즐거움을 누렸다. 참된 즐거움은 이와 같은 것이라고 여기며, 그 정원의 이름을 독낙원이라 하였다.

2 司馬光(사마광, 1019～1086): 북송의 학자이며 정치가로 자(字)는 군실(君實)이며 호는 우수(迂叟)이다. 온국공(溫國公)에 봉해져 사마온공이라 칭한다. 왕안석이 신법을 단행하자 극구 반대하여 지방으로 나갔다가 후에 조정으로 돌아와 구법을 회복하였다. 저서로 『자치통감(資治通鑑)』이 있다.

3 迂叟(우수): '계산이 치밀하지 못한 비현실적인 늙은이'라는 뜻으로 사마광의 호이다.

4 緖(서): 실마리

5 未始有形(미시유형): 아직 천지가 혼돈하여 사물의 형태가 이루어지지 않은 때, 무한한 시간의 과거

6 無窮之外(무궁지외): 무궁한 공간의 바깥쪽

7 衽(임): 옷깃

8 逍遙徜徉(소요상양): 목적이 없이 이리저리 자유롭게 다님.

腸, 卷爲己有[10], 踽踽[11]焉, 洋洋[12]焉。不知天壤之間, 復有何樂可以代此也。因合而命之曰獨樂。

[9] 抳(니): 柅(니)와 같이 쓰여 멈추다, 걸리다의 의미

[10] 卷爲己有(권위기유): 거두어 자신의 소유로 하다.

[11] 踽踽(우우): 홀로 거니는 모양

[12] 洋洋(양양): 물이 넓고 여유 있는 모양

10. 雜說(馬說)[1]

韓愈[2]

世有伯樂[3], 然後有千里馬。千里馬常有, 而伯樂不常有[4]。故雖有名馬, 祇[5]辱於奴隸人[6]之手, 駢死於槽櫪之間[7], 不以千里稱也。

馬之千里者, 一食或盡粟一石[8], 食馬者, 不知其能

---

1 馬說(마설): 말에 대한 논설. 영웅호걸을 천리마에 비유하였다. 제아무리 영웅호걸일지라도 자신을 알아주는 자를 만나야지만 천부적인 재능을 다 발휘할 수 있다는 사실을 설파하고 있다.

2 韓愈(한유, 768~824): 중당(中唐) 시기의 문장가로 자(字)는 퇴지(退之), 호는 창려(昌黎), 시호는 문공(文公)이다. 어려서 부모를 여의고 형수에게 자랐으나 감찰어사(監察御史), 형부시랑(刑部侍郞), 이부시랑(吏部侍郞) 등의 중책을 역임했다. 유종원(柳宗元)과 함께 화려한 변문(騈文)을 반대하고 뜻을 전달하는 것에 목적을 둔 자유로운 형식의 고문 운동을 선도하여 산문 발전에 큰 공을 세웠다. 당송팔대가의 한 사람이다. 유가를 존중하고 도교, 불교를 배척하여 「논불골표(論佛骨表)」를 썼다. 시문집으로 『창려선생집(昌黎先生集)』이 있다.

3 伯樂(백락): 진(秦)나라 목공(穆公) 때 사람으로 말을 알아보는 명인이었다. 말의 병도 잘 고쳤다고 한다. 여기서는 신하의 재능을 알아주는 임금에 비유했다.

4 不常有(불상유): 부분부정으로 '늘 있는 것은 아니다.'의 뜻. 常不有(상불유)는 '언제나 없다.'라는 완전 부정형이다.

5 祇(지): 다만 지(只)와 같은 의미이다.

6 奴隸人(노예인): 낮은 심부름꾼, 하급관리

7 槽櫪之間(조력지간): 구유와 마판 사이라는 뜻으로 곧 마구간을 뜻한다. 조(槽)는 말의 죽통이고, 력(櫪)은 말의 발판이다.

8 粟一石(속일석): 속(粟)은 껍질이 있는 곡식의 총칭이고, 일석(一石)은 한 섬으로 10말이다.

千里而食也。是馬也, 雖有千里之能, 食不飽, 力不足, 才美不外見。且欲與常馬等, 不可得, 安求其能千里也?

策[9]之不以其道[10], 食之不能盡其材, 鳴之不能通其意, 執策而臨之曰 : 天下無馬。嗚呼! 其眞無馬邪? 其眞不知馬邪?

---

[9] 策(책): 채찍 또는 채찍질

[10] 其道(기도): 거기에 알맞은, 즉 말을 올바로 부리는 방법

11. 師說[1]

韓愈[2]

古之學者, 必有師, 師者, 所以傳道[3]授業[4]解惑也。人非生而知之者[5], 孰能無惑? 惑而不從師, 其爲惑也, 終不解矣。生乎吾前, 其聞道[6]也, 固先乎[7]吾, 吾從而師之。生乎吾後, 其聞道也, 亦先乎吾, 吾從而師之。吾師道也, 夫庸知其年[8]之先後生於吾乎? 是

---

1 師說(사설): 스승에 대한 논설. 스승에게 도를 배워야 하는 까닭을 해설한 글이다. 남의 제자가 되는 것을 부끄럽게 여기는 세태를 개탄하여 반드시 스승을 좇아 도를 배워야 함을 강조하고 있다.

2 韓愈(한유, 768～824): 중당(中唐) 시기의 문장가로 자(字)는 퇴지(退之), 호는 창려(昌黎), 시호는 문공(文公)이다. 어려서 부모를 여의고 형수에게 자랐으나 감찰어사(監察御史), 형부시랑(刑部侍郎), 이부시랑(吏部侍郎) 등의 중책을 역임했다. 유종원(柳宗元)과 함께 화려한 변문(騈文)을 반대하고 뜻을 전달하는 것에 목적을 둔 자유로운 형식의 고문 운동을 선도하여 산문 발전에 큰 공을 세웠다. 당송팔대가의 한 사람이다. 유가를 존중하고 도교, 불교를 배척하여 「논불골표(論佛骨表)」를 썼다. 시문집으로 『창려선생집(昌黎先生集)』이 있다.

3 傳道(전도): 옛날 성현, 현인의 수기치인(修己治人)의 도를 전하다. '修身齊家治國平天下'의 도이다.

4 授業(수업): 육경예악(六經禮樂)을 비롯하여 문학, 기술 등을 전수하는 학업

5 生而知之(생이지지): 나면서부터 아는 사람. 공자는 『논어·계씨편(論語·季氏篇)』에서 인간을 '生而知之者, 學而知之者, 困而學之者, 困而不學者'로 나누었다.

6 聞道(문도): 도를 들어서 마음에 얻음이 있는 것을 말함

7 乎(호): '～보다'의 뜻으로 비교를 나타내는 전치사로 쓰임

8 年(년): 태어난 해를 말하는 것으로 곧 나이를 말함

故, 無貴無賤, 無長無少, 道之所存, 師之所存也。

嗟乎! 師道之不傳也, 久矣, 欲人之無惑也難矣! 古之聖人, 其出人[9]也遠矣, 猶且[10]從師而問焉, 今之衆人, 其下聖人[11]也亦遠矣, 而恥學於師。是故聖益聖, 愚益愚, 聖人之所以[12]爲聖, 愚人之所以爲愚, 其皆出於此乎!

愛其子, 擇師而敎之, 於其身也, 則恥師焉, 惑矣! 彼童子之師, 授之書, 而習其句讀[13]者也, 非吾所謂傳其道, 解其惑者也。句讀之不知, 惑之不解, 或師焉, 或不焉, 小學而大遺, 吾未見[14]其明也。

---

9 出人(출인): 남보다 뛰어남

10 猶且(유차): 그래도 또한

11 下聖人(하성인): 성인에 미치지 못함

12 所以(소이): 이유, 까닭

13 句讀(구두): 구(句)는 문장의 뜻이 끝나는 곳이며, 두(讀)는 어휘가 끊어지는 곳이다. 구두는 즉 문장이라는 의미이다.

14 見(견): 알다, 보다.

12. 醉翁亭記[1]

歐陽修[2]

環滁皆山也。其西南諸峰, 林壑尤美。望之蔚然[3]而深秀者, 琅琊[4]也。山行六七里, 漸聞水聲潺潺[5], 而瀉出於兩峰之間者, 釀泉[6]也。峰回路轉, 有亭翼然[7]臨於泉上者, 醉翁亭也。作亭者誰? 山之僧智僊[8]也。名之者誰? 太守自謂也。太守與客來飮於此, 飮少輒醉, 而年又最高, 故自號曰醉翁也。醉翁之意不在酒, 在乎山水之間也。山水之樂, 得之心而

---

1 醉翁亭記(취옹정기): 1045년 북송 인종(仁宗) 구양수(歐陽修) 39세 때 저주(滁州) 지사(知事)가 되어, 그곳에 취옹정(醉翁亭)을 세우고 그 정자의 유래와 주변의 경치 및 자신이 그 정자에서 즐거워하는 심정을 적은 글이다.

2 歐陽修(구양수, 1007～1072): 자(字)는 영숙(永叔)이고, 이름은 수(修)이다. 취옹(醉翁)이라 자호하였다. 북송시대 길주(吉州) 여릉(廬陵) 사람이다. 당(唐)나라 한유(韓愈)를 이어 고문 부흥 운동에 앞장선 당송팔대가의 한사람이다. 만년에는 육일거사(六一居士)라 자호하였다. 육일(六一)은 자신이 모은 옛 금석문헌 1천권, 장서1만권, 가야금1, 바둑판1, 술항아리1, 그 속에서 늙어가는 노인1인을 의미한다. 저서로 『육일시화(六一詩話)』, 『구양문충공집(歐陽文忠公集)』 등이 있다.

3 蔚然(위연): 초목이 무성한 모양

4 琅琊(낭야): 안휘성(安徽省) 청류현(淸流縣) 남쪽에 있는 명산의 이름이다.

5 潺潺(잔잔): 졸졸 물이 흐르는 소리를 형용한 의성어

6 釀泉(양천): 술을 빚을 때 이용하는 샘이라는 뜻이다.

7 翼然(익연): 날개를 펼친 것처럼 좌우로 뻗은 형상을 일컫는 의태어

8 智僊(지선): 취옹정을 세운 스님의 이름

寓之酒也。

若夫日出而林霏[9]開, 雲歸而巖穴暝, 晦明變化者, 山間之朝暮也。野芳發而幽香, 佳木秀而繁陰, 風霜高潔, 水落而石出者, 山間之四時也。朝而往, 暮而歸, 四時之景不同, 而樂亦無窮也。

至於負者歌於塗, 行者休於樹, 前者呼, 後者應, 傴僂提攜[10], 往來而不絕者, 滁人遊也。臨溪而漁, 溪深而魚肥, 釀泉為酒, 泉香而酒洌[11], 山肴野蔌[12], 雜然而前陳者, 太守宴也。宴酣之樂, 非絲非竹, 射者中, 弈者勝, 觥籌[13]交錯, 起坐而諠譁者, 衆賓歡也, 蒼顏白髮[14], 頹然乎其間者, 太守醉也。

已而夕陽在山, 人影散亂, 太守歸而賓客從也。樹

---

9 林霏(임비): 숲속에 피어오르는 구름과 안개

10 傴僂提携(구루제휴): 허리를 구부리고 손을 이끌어주다.

11 酒冽(주열): 술이 차고 맑다.

12 山肴野蔌(산효야속): 산과 들에서 나는 산채와 푸성귀로 만든 안주

13 觥籌(굉주): 굉(觥)은 진 자에게 벌주를 내리기 위한 뿔로 만든 술잔이며, 주(籌)는 벌주의 수를 세기 위한 산가지이다.

14 蒼顏白髮(창안백발): 푸른색을 띤 얼굴과 흰 머리라는 뜻으로 노인의 용모를 형용한 것이다.

林陰翳[15], 鳴聲上下, 遊人去而禽鳥樂也。然而禽鳥知山林之樂, 而不知人之樂, 人知從太守遊而樂, 而不知太守之樂其樂[16]也。醉能同其樂, 醒能述以文者, 太守也。太守謂誰? 廬陵歐陽脩也。

15 陰翳(음예): 어둑어둑해지면서 그림자가 지기 시작하는 것

16 樂其樂(락기락): 기(其)는 사람들을 지칭하는 것으로 사람들의 즐거움을 즐거워하다. 백성과 즐거움을 함께 나누는 유가의 도를 드러내고 있다.

13. 漁父辭[1]

屈原[2]

屈原旣放[3], 游於江潭[4], 行吟澤畔[5]。顔色憔悴, 形容枯槁。漁父見而問之曰 : "子非三閭大夫[6]與? 何故至於斯?" 屈原曰 : "擧[7]世皆濁, 我獨淸。衆人皆醉, 我獨醒。是以見放"。

漁父曰 : "聖人不凝滯[8]於物, 而能與世推移。世人皆濁, 何不淈[9]其泥而揚其波。衆人皆醉, 何不餔其

---

1 漁父辭(어부사): 어부의 노래. 어부(漁父)는 어부(漁夫)와 같다. 굴원과 세상에 순응하라며, '창랑지수(滄浪之水)' 노래를 부른 어부의 두 성품을 대조적으로 보여준다. 사실 '어부사'는 문장 특성상 한(漢)대 유생이 지었다고 보는 견해가 타당해 보인다.

2 屈原(굴원): 이름은 평(平)이다. 전국시대 초(楚)나라의 정치가이자 시인이다. 초사(楚辭)의 대표적 작가이다. 왕의 신임을 얻은 정치가였으나 측근들의 모략으로 쫓겨나 유랑하다가 멱라강(汨羅江)에 몸을 던져 자살했다. 그의 죽음이 단오절의 기원으로 알려져 있다.

3 放(방): 죄를 지어서 먼 벽지로 추방을 당함

4 江潭(강담): 강과 호수, 즉 상강(湘江) 일대

5 澤畔(택반): 늪지대 못가

6 三閭大夫(삼려대부): 초나라의 벼슬 이름이다. 삼려는 초나라 왕족인, 소(昭)씨, 굴(屈)씨, 경(景)씨 3성을 말하는데, 굴원은 이 3성을 관장하는 대부 벼슬이었다.

7 擧(거): 온통, 모조리, 모두

8 凝滯(응체): 꽉 막혀있어서 융통성이 전혀 없는 상태

9 淈(굴): 흐리다, 휘젓다.

糟而歠其釃[10]。何故深思高擧, 自令放爲[11]"。

屈原曰 : "吾聞之。新沐者必彈冠, 新浴者必振衣。安能以身之察察[12], 受物之汶汶[13]者乎。寧赴湘流葬於江魚之腹中[14], 安能以皓皓之白, 而蒙世俗之塵埃乎"。漁父莞爾[15]而笑, 鼓枻而去。乃歌曰 : "滄浪[16]之水淸兮, 可以濯吾纓。滄浪之水濁兮, 可以濯吾足"。遂去不復與言。

---

10 歠其釃(철기리): 술을 거르고 남은 찌꺼기의 술을 마시다.

11 爲(위): 의문 조사로 호(乎)와 같은 의미로 쓰였다.

12 察察(찰찰): 맑고 밝아 결백한 모양

13 汶汶(문문): 지저분하고 더러워 욕된 모양

14 葬於江魚之腹中(장어강어지복중): 강 물고기의 뱃속에 장사지내겠다. 물에 빠져 물고기의 밥이 되겠다는 뜻으로 차라리 물에 빠져 죽겠다는 의미이다.

15 莞爾(완위): 빙그레 웃는 모습을 나타내는 의태어이다.

16 滄浪(창랑): 한수(漢水)의 하류를 흐르는 강 이름이다.

14. 前赤壁賦[1]

蘇軾[2]

壬戌[3]之秋, 七月旣望[4], 蘇子與客泛舟, 遊於赤壁[5]之下。淸風徐來, 水波不興。擧酒屬客, 誦明月之詩, 歌窈窕之章[6]。少焉, 月出於東山之上, 徘徊於斗牛之間[7], 白露橫江, 水光接天。縱一葦[8]之所如, 凌

---

1 赤壁賦(적벽부): 적벽의 노래. 소식이 적벽에서 뱃놀이하며 삼국시대의 영웅 조조(曹操)와 주유(周瑜)의 풍류를 생각하면서 변화와 불변의 입장에서 인생을 관조한 호방한 문장이다. 동파 나이 47세에 지은 것으로 전, 후적벽부가 있다.

2 蘇軾(소식, 1036～1101): 북송(北宋)시대의 문인. 자(字)는 자첨(子瞻), 호는 동파(東坡)로 사천(泗川) 미산(眉山) 사람이다. 아버지 소순(蘇洵), 동생 소철(蘇轍)과 함께 3소(三蘇)라 불리며, 모두 당송 8대가의 한 사람이다. 유가 사상을 바탕으로 불가, 도가사상을 받아들여 3가의 철학을 통합시킨 대문호로 시(詩), 사(詞), 고문(古文), 서화(書畫)에 두루 뛰어났다. 그의 정치 인생은 폄적과 유배를 반복하는 고난이었지만 주관적 정신세계로 승화하였다는 평이다. 문집으로 『동파전집(東坡全集)』이 있다.

3 壬戌(임술): 북송 신종(神宗) 원풍(元豐) 5년으로 1082년이다. 秋(추): 7, 8, 9월이다.

4 旣望(기망): 보름이 지난 16일, 未望(미망): 14일, 望日(망일): 15일, 보름.

5 赤壁(적벽): 호북성(湖北省) 광주부(廣州府)의 서북쪽에 있는 붉은색 암벽이 솟아있는 지명이다. 적벽대전이 있었던 곳과는 다른 지역이다.

6 明月之詩(명월지시), 窈窕之章(요조지장): "시경(詩經)·진풍(陳風)"에 나오는 작품이다.

7 斗牛之間(두우지간): 남두성(南斗星)과 견우성(牽牛星) 사이로 남동쪽 하늘이다.

8 一葦(일위): 하나의 갈대와 같은 작은 조각배

萬頃之茫然。浩浩乎如憑虛御風, 而不知其所止, 飄飄乎如遺世獨立[9], 羽化而登仙[10]。於是飮酒樂甚, 扣舷而歌之。歌曰:“桂棹兮蘭槳, 擊空明[11]兮泝流光。渺渺兮予懷, 望美人兮天一方。”

客有吹洞簫者, 倚歌而和之。其聲嗚嗚然, 如怨如慕, 如泣如訴。餘音嫋嫋[12], 不絶如縷, 舞幽壑之潛蛟, 泣孤舟之嫠婦[13]。蘇子愀然正襟, 危坐[14]而問客曰:“何爲其然也?”

客曰:“‘月明星稀, 烏鵲南飛。’[15] 此非曹孟德[16]之詩乎? 西望夏口[17], 東望武昌[18], 山川相繆, 鬱乎蒼蒼, 此非孟德之困於周郞[19]者乎? 方其破荊州[20], 下江

---

9 遺世獨立(유세독립): 세상을 버리고 홀로 서다. 속세를 떠나 외물에 구속되지 않는 자유로운 경지를 의미

10 羽化登仙(우화등선): 날개가 돋아나서 하늘로 올라 신선이 되다.

11 空明(공명): 물이 맑아서 달빛이 투명하게 비치는 상태를 말함.

12 嫋嫋(뇨뇨): 가냘프고 길게 이어지는 퉁소 소리를 형용

13 嫠婦(이부): 남편과 사별한 여인

14 危坐(위좌): 똑바르게 앉다.

15 月明星稀(월명성희), 烏鵲南飛(오작남비): 조조(曹操)의 ‘단가행(短歌行)’에 나오는 구절이다.

16 孟德(맹덕): 조조(曹操)의 자(字)이다.

17 夏口(하구): 하구성(夏口城)으로 호북성(湖北省) 무창현(武昌縣)에 있는 지명

18 武昌(무창): 호북성(湖北省) 악성시(鄂城市)이다.

陵[21], 順流而東也, 舳艫千里[22], 旌旗蔽空。釃酒臨江, 橫槊賦詩, 固一世之雄也, 而今安在哉? 況吾與子漁樵[23]於江渚之上, 侶魚鰕而友麋鹿, 駕一葉之扁舟, 擧匏樽而相屬。寄蜉蝣[24]於天地, 渺滄海之一粟, 哀吾生之須臾, 羨長江之無窮。挾飛仙以遨遊, 抱明月而長終。知不可乎驟得, 託遺響於悲風[25]。"

蘇子曰 : "客亦知夫水與月乎? 逝者如斯[26], 而未嘗往也, 盈虛[27]者如彼, 而卒莫消長也。蓋將自其變者而觀之, 則天地曾不能以一瞬, 自其不變者而觀之, 則物與我皆無盡也, 而又何羨乎? 惟江上之淸風, 與山間之明月, 耳得之而爲聲, 目遇之而成色, 取之無禁, 用之不竭, 是造物者[28]之無盡藏[29]也, 而吾與子

---

19 周郞(주랑): 삼국시대 오(吳)나라 장군 주유(周瑜)이다.

20 荊州(형주): 호북성(湖北省)에 있는 지명으로 처음 조조가 형주의 유종(劉琮)을 투항시킨 곳이다.

21 江陵(강릉): 호북성(湖北省) 강릉현(江陵縣) 지명

22 舳艫千里(축로천리): 뱃머리와 배꼬리가 천 리에 잇닿아 있다.

23 漁樵(어초): 물고기 잡고 땔나무나 하는 하찮은 일을 비유

24 蜉蝣(부유): 하루살이처럼 허무한 인생을 비유

25 悲風(비풍): 슬픈 바람, 가을의 쓸쓸한 바람이다.

26 逝者如斯(서자여사): 『논어·자한편』의 "逝者如斯夫, 不舍晝夜"에서 나옴.

27 盈虛(영허): 달이 차고 기우는 것

28 造物者(조물자): 천지 만물을 창조한 자

29 無盡藏(무진장): 써도 다함이 없이 한없이 많음. 眞(학문), 善(도덕), 美(예술)

之所共樂。" 客喜而笑, 洗盞[30]更酌, 肴核[31]既盡, 杯盤[32]狼籍[33]。相與枕藉[34]乎舟中, 不知東方之既白。

30 盞(잔): 작은 술잔

31 肴核(효핵): 안주들, 생선과 고기 안주는 효(肴), 과일 안주는 핵(核)이다.

32 杯盤(배반): 잔과 쟁반

33 狼籍(낭자): 흩어져 뒤섞인 모양

34 枕藉(침자): 베개를 베다. 자(藉)는 깐다는 뜻이다.

15. 秋風辭[1]

漢 武帝[2]

秋風起兮白雲飛
草木黃落兮鴈南歸[3]
蘭有秀兮菊有芳
懷佳人[4]兮不能忘
泛樓船[5]兮濟汾河[6]
橫中流兮揚素波
簫鼓[7]鳴兮發棹歌[8]

---

1 秋風辭(추풍사): 가을바람의 노래. 이 작품에는 "한(漢) 무제(武帝)가 분음(汾陰) 땅에서 토지신인 후토신(后土神)에게 제사 지낸 뒤 하동(河東)으로 행차하여 백성들의 생활을 살피고 기쁜 마음으로 강 위의 화려한 범선에서 여러 신하와 주연을 벌이는 중에 지은 것"이라는 서문이 달려있다. 초사(楚辭)의 유풍이 남아 있다.

2 漢武帝(한무제): 전한(前漢) 7대 황제 유철(劉徹)로 재위 기간이 54년(BC141~BC87)이다. 오경박사를 두어 유학을 장려하였으며 적극적인 대외정책으로 영토를 넓혔다.

3 南歸(남귀): 남으로 돌아가다. 매년 가을이 되면 기러기가 따뜻한 남쪽으로 날아가는 것을 의미한다.

4 佳人(가인): 선녀(仙女)를 지칭한 것으로 본다. 미녀, 덕이 있는 군자라는 설도 있다.

5 樓船(루선): 멀리까지 바라볼 수 있도록 망대를 높이 올린 배

6 汾河(분하): 산서성(山西省) 태원(太原) 부근을 흐르는 강이다.

7 簫鼓(소고): 퉁소와 북

8 棹歌(도가): 노를 저으면서 부르는 사공의 뱃노래

歡樂極兮哀情多

少壯幾時兮奈老何[9]

[9] 奈何(내하): '어찌하랴'의 뜻으로 가운데 목적어 노(老)를 끼워 넣어 '늙음을 어찌하랴'의 뜻이 되었다.

부 록

번역문(飜譯文)

제1장 한시편

제2장 고사성어편

제3장 명문편

제1장

한시편(漢詩篇) 번역

1. 春曉 (봄날 새벽)

봄잠에 취해 새벽인 줄도 몰랐는데
곳곳에서 새 지저귀는 소리 들려오네.
밤새 비바람 소리 들려오더니
꽃잎이 얼마나 떨어졌을까?

2. 雜詩(잡시)

그대 고향에서 오셨으니
응당 고향 일을 아시겠지.
떠나오던 날 기창 앞의
매화는 피었던가요?

3. 四時(사계절)

봄 물은 사방 연못에 가득하고
여름 구름은 기이한 봉우리도 많구나.
가을 달은 밝은 빛 휘날리고
겨울 산마루엔 소나무 한그루 빼어나네.

4. 春夜(봄밤)

봄날 밤은 한순간도 천금의 가치
꽃은 맑은 향기 달빛은 어슴프레.
노랫소리 악기소리의 누대 적막해지자
그네 뛰던 정원에 밤이 깊어가네.

5. 山園小梅(동산의 작은 매화)

온갖 꽃 떨어진 후 홀로 곱게 피어
작은 동산의 정취를 다 차지했네.
맑은 물에 비스듬히 성긴 꽃이 뻗어있고
달빛 어스름에 은은한 향기 풍겨오네.
하얀 새가 내리려다 눈길 먼저 주고
흰 나비가 안다면 넋을 놓을 터.
다행히 나직이 시 읊으며 친할 수 있으니
멋진 악기 좋은 술 다 필요 없네.

6. 山中對酌(산중에서 술잔을 마주하며)

둘이 마주 술을 마시는데 산에는 꽃이 피네
한잔 한잔 또 한잔이라.
내 취하여 자려 하니 그대는 잠시 가셨다가
내일 아침 생각 있거든 가야금 안고 오시게.

7. 閨怨(규방의 원망)

규방의 어린 아내 수심을 알지 못해
봄날 화장 짙게 하고 푸른 정자에 올랐네.
홀연 길가의 버드나무 색을 보더니
서방님 벼슬 찾아가게 한 것 후회하네.

8. 題都城南庄(도성 남쪽 어떤 농가에 대하여 쓰다)

지난해 오늘 이 집 대문 안에
사람 얼굴과 복사꽃 서로 붉게 비추었지.
그 사람은 어디로 갔나 알지 못하는데
복사꽃만 여전히 봄바람에 미소짓네.

9. 山中問答(산중에서 묻고 답하다)

무슨 일로 청산에 사는지 내게 묻는데
웃으며 대답 않지만 마음은 절로 한가롭네.
복사꽃 흐르는 물에 아득히 떠내려가니
별도의 천지요 인간 세상 아니로다.

10. 贈孟浩然(맹호연에게 드리다)

나는 맹부자를 사랑하는데
풍류가 천하에 알려졌다네.
젊은 날에 벼슬길을 버리고
늙어서 소나무와 구름속에 누웠네.
달에 취해 자주 성인에 걸려들고
꽃에 홀려 임금을 섬기지 않았지.
높은 산과 같으니 어찌 우러르리
그저 맑은 향기를 사모할 뿐.

11. 早發白帝城(아침에 백제성을 출발하며)

아침에 채색구름 사이 백제성과 이별하고
천 리 강릉길을 하루에 돌아왔네.
언덕 양편 원숭이 울음소리 그치지 않더니
가벼운 배는 이미 만 겹 산을 지났네.

12. 烏衣巷(오의항)

주작교 옆에는 들풀이 꽃을 피우고
오의항 입구에는 석양이 비껴있네.
옛날 왕씨 사씨 문전을 날던 제비들이
평범한 백성들 집으로 날아드네.

13. 相思(그리움)

홍두는 남국에서 자라는데
봄이 되어 몇 가지 뻗어났겠지.
그대는 많이 따시길 바라네
그것이 가장 그리움의 상징이니.

14. 春望(봄날 바라보다)

나라는 깨지고 산천만 남았는데
장안성에 봄이 오니 초목만 무성하네.
시절을 느껴 꽃을 보아도 눈물이 흐르고
이별이 한스러워 새소리에도 마음이 놀라네.
봉화가 연이어 석 달을 피어오르니
집안의 편지는 값어치가 만금이라.
흰머리 긁적일수록 더욱 짧아져
온통 동곳도 이기지 못한다네.

15. 漁翁(늙은 어부)

늙은 어부 밤이면 서쪽 바위 곁에서 잠을 자고
새벽엔 맑은 상수 길어다 초죽으로 불을 지피네.
안개 사라지고 해 뜨면 사람은 보이지 않고
어여차 노젓는 소리에 산수만 푸르구나.
하늘 끝을 돌아보며 물 가운데로 내려가는데
바위 위 무심한 구름만 뒤쫓아오네.

16. 渭城曲(위성의 노래)

위성 아침 비에 먼지가 씻겨지니
객사의 푸르고 푸른 버들 색이 새롭네.
그대에게 권하노니 다시 한잔 더 하시게
서쪽 양관을 나서면 친구도 없을텐데.

17. 遊子吟(나그네 노래)

인자하신 어머니 손안의 바느질
길 떠날 아들이 입을 옷이라네.
떠날 때 촘촘하게 꿰매심은
더디 돌아올까 염려하는 마음.
누가 말하랴! 한치 풀포기 마음으로
온 봄날 햇살에 보답할 수 있으리라고.

18. 清明 (청명일)

청명시절 비는 부슬 부슬
길가는 행인의 혼이 끊어질 듯.
술집이 어디쯤 있느냐 물으니
목동이 멀리 살구꽃 핀 마을을 가리키네.

19. 過故人莊(벗의 시골집을 방문하다)

벗이 닭과 기장밥을 준비해놓고
나를 맞이해 시골집에 이르렀네.
초록 나무들이 마을을 둘러있고
푸른 산은 성곽 밖으로 비껴있네.
들창문을 열어 텃밭을 바라보며
술잔을 잡고 농사일을 얘기하네.
중양절이 오기를 기다렸다가
다시 국화를 찾아오리라.

20. 江村 (강마을)

맑은 강 한 굽이 마을을 안고 흐르는데
긴 여름 강마을은 일마다 한가롭네.
왔다 갔다 하는 마루 위의 제비들
짝지어 모여 있는 물가의 갈매기떼.
늙은 아내는 종이에 바둑판을 그리고
어린 아들은 바늘 두드려 낚싯바늘 만드네.
병 많은 몸에 필요한 것은 오직 약물뿐
미천한 몸 그 외에 무얼 더욱 바라리오.

21. 蟬 (매미)

본성이 청고하여 배부르기 어려운데
부질없이 애쓰며 한스런 소리만 허비하네.
오경에 소리 잦아들어 끊기려 하는데
한 그루 나무는 무정하게 푸르러라.
낮은 벼슬살이 나뭇가지처럼 떠도니
고향의 정원은 이미 황폐했으리라.
괴롭게도 그대가 가장 잘 깨우쳐주지만
나 역시 온 집안이 청빈하다오.

22. 獨坐敬亭山 (홀로 경정산에 앉아)

뭇 새들 높이 날아 사라지고
조각구름 홀로 한가로이 떠가네.
바라보아도 둘 다 물리지 않는 것은
오직 경정산이 있을 뿐이라.

23. 贈衛八處士 (위팔처사에게 주다)

사람이 살면서 서로 만나지 못하는 것이
늘 삼성(參星)과 상성(商星) 같다네.
이 밤이 다시 어떤 밤인가?
이 촛불 빛을 함께 하다니.
젊은 시절이 얼마나 될까?
귀밑머리 벌써 다 세었구나.
옛친구 찾으면 반은 귀신이 되어
놀라 부르짖다 속이 타버리네.
어찌 알았으랴! 20년 만에
다시 그대 집에 오게 될 줄을.
예전 헤어질 때 아직 미혼이었는데
아이들이 어느새 줄을 이루었네.
반갑게 아비 친구를 공경하며
어디서 오셨냐고 내게 묻네.
대답이 미처 끝나기도 전에
아이들 내몰아 술상 차리게 하네.
밤비를 맞으며 부추를 자르고

새로 불을 때서 기장 섞인 밥을 지었네.
주인장은 얼굴 보기 힘들다 말하며
일거에 열잔 술을 연거푸 권하네.
열잔 술에도 취하지 않는 것은
그대의 깊은 옛정을 느끼기 때문.
내일이면 산천을 사이에 두고
세상일에 둘 다 아득해질 터.

24. 將進酒(술을 권하며)

그대는 보지 못했는가! 황하의 물이 하늘에서 내려와
흘러 바다에 이르면 다시 돌아오지 못하는 것을.
또 보지 못했는가! 고대광실 밝은 거울 속 백발을 슬퍼하니
아침에 검푸른 머리가 저녁에 눈처럼 희어지는 것을.
인생에서 뜻을 얻으면 모름지기 즐겨야지
금술동이 빈 채로 달을 마주하게 말아야지.
하늘이 내 재주를 내었으니 반드시 쓰임이 있을 테고
천금도 다 흩어지면 다시 돌아오는 법.
양 삶고 소 잡아 또 즐기리니
한 번에 마땅히 삼백잔은 마셔야지.
잠부자! 단구생이여!
술 권하노니 거절치 마시게.
그대들 위해 노래 한곡 부를터이니
나를 위해 귀 기울여 주시게.
맛난 음식 많은 재산도 귀하지 않나니
다만 길이 취해 깨어나지 않기를 원하노라.
예부터 출세한 이들 모두 적막하지만

오직 주당들은 그 이름이 전해지네.
진사왕 옛 평낙관에서 잔치할 때
한 말에 만 냥 술도 마음껏 즐겼었지.
주인은 어찌 돈이 적다 하는가
우선 술 사오게 하여 그대와 대작하리.
귀한 명마, 천금의 갖옷
아이 불러 좋은 술과 바꿔오게 하여
그대들과 함께 만고의 시름 녹여내리라.

25. 回鄕偶書 (고향에 돌아와 쓰다)

1.

젊어서 집을 떠나 늙어서 돌아오니
사투리는 여전한데 귀밑머리만 세었네.
아이들은 보고도 알지 못하고
웃으며 어디서 온 손님이냐고 묻네.

2.

고향 떠난 지 긴 세월 흘러
가까운 사람들 반이 사라졌네.
오직 문 앞 경호의 물만이
춘풍에도 옛 물결 바꾸지 않았구나.

26. 竹裏館(대나무 속 별장)

홀로 그윽한 대숲에 앉아
거문고 타다가 다시 길게 휘파람부네.
깊은 숲이라 사람은 알지 못하는데
밝은 달이 와서 비춰주네.

27. 七步詩 (일곱걸음의 시)

콩을 삶는데 콩대를 태우니
콩이 솥 안에서 울고 있네.
본래 한 뿌리에서 태어났거늘
볶기를 어찌 그리도 급히 하는지.

28. 飮酒 (술을 마시며)

사람들 사는 곳에 오두막을 지었건만
수레와 말의 시끄러움은 없다네.
어찌하여 그럴 수 있는지 물으면
마음이 멀어지면 땅은 절로 외져진다네.
동쪽 울타리 밑에서 국화를 따다가
가만히 남산을 바라보네.
산색은 저물녘에 더욱 아름답고
날던 새는 짝을 지어 돌아오네.
이 속에 참된 뜻이 있어서
분명히 하려는데 그만 말을 잊었네.

29. 題菊花 (국화에 대해 쓰다)

스산한 가을바람 속에 뜰 가득 피었는데
꽃술은 차고 향기도 싸늘해 나비도 찾기 어렵네.
어느 해 내가 만약 봄의 제왕이 된다면
복사꽃과 함께 피어나도록 명하리라.

30. 楓橋夜泊 (밤에 풍교에 정박하다)

달지고 까마귀 울어 하늘에 서리 가득한데
강가 단풍과 고깃배 불빛 마주하며 시름에 잠드네.
고소성 밖의 한산사
한밤 종소리가 나그네 뱃전까지 이르네.

31. 無題 (제목 없음)

만나기도 어렵더니 이별 또한 어렵구나
봄바람 힘이 없으니 온갖 꽃이 시드네.
봄누에는 죽어서야 실 뽑기를 마치고
촛불은 재가 되어서야 눈물이 마르지.
새벽 거울보며 구름같은 머릿결 빠짐을 걱정하고
밤에 읊조리다 달빛이 차가움을 분명 느끼리라.
봉래산은 이곳에서 먼 길이 아니니
파랑새야 가만히 찾아보아다오.

32. 山行 (산길을 가다)

먼 가을산에 돌길이 굽이져 오르고
흰구름 피어나는 곳에 인가가 있네.
수레 세우고 저물녘 단풍숲을 감상하는데
서리맞은 잎들이 봄꽃보다 더 붉네.

33. 登鸛雀樓 (관작루에 올라)

태양은 산을 따라 넘어가고
황하는 바다로 흘러드네.
천리 끝까지 다 보고 싶어서
다시 한층 누대를 오르네.

34. 暮江吟(저녁 강가에서 읊다)

한 줄기 석양빛이 물 가운데 퍼지니
강의 반은 검푸르고 강의 반은 붉네.
사랑스런 구월 초사흘 밤
이슬은 진주 같고 달은 활 같아라.

35. 尋隱者不遇 (은자를 찾았으나 만나지 못하다)

소나무 아래에서 동자에게 물으니
스승은 약초 캐러 가셨다 말하네.
다만 이 산중에 계시는데
구름이 깊어서 그곳을 모르겠다네.

36. 九月九日憶山東兄第

(중양절날 산동의 형제를 그리워하며)

홀로 타향에서 나그네로 살다보니
좋은 절기 만날때면 가족 더욱 그리워라.
멀리서도 아는 것은 형제들이 높은 곳에 올라서
수유꽃 꽂다가 한 사람이 없구나 하겠지.

37. 問劉十九 (류19에게 묻다)

초록 개미 꼬물대는 갓 익은 술
작은 화로는 벌겋게 이글거리네.
저녁이 되자 하늘은 눈을 뿌릴 듯
한잔 마시러 오실 수 있겠나?

38. 偶成 (즉흥시)

소년은 늙기 쉽고 학문은 이루기 어려우니
짧은 시간도 가볍게 여기지 말라.
연못의 봄풀은 꿈에서 깨기도 전인데
섬돌 앞 오동나무는 이미 가을 소리로다.

39. 秋思 (가을 그리움)

낙양성 안에서 가을바람을 보고
고향집에 편지를 쓰려니 생각이 오만가지.
말을 다 못 썼나 다시 근심이 총총
행인 떠나기 전 또 편지를 뜯어보네.

40. 山居秋暝 (산속에 살며 가을 저물녘에)

적막한 산에 새 비 내린 후
날이 저물자 가을기운이 드네.
밝은 달은 소나무 사이를 비추고
맑은 샘은 바위 위로 흐르네.
빨래하고 돌아가는 아낙들로 대숲이 들썩이고
돌아가는 고깃배에 연잎이 흔들리네.
어느덧 봄꽃은 시들었지만
왕손(시인)은 스스로 머물려하네.

41. 黃鶴樓 (황학루)

옛사람은 이미 황학을 타고 떠나고
이곳에는 황학루만 덩그러니 남아있네.
황학은 한번 가더니 다시는 돌아오지 않고
흰 구름만 천년토록 유유히 떠다니네.
맑은 강가에 또렷한 것은 한양 땅의 나무요
싱그런 풀 우거진 곳은 맹무주로다.
해는 지는데 고향 땅은 어디인가?
안개 낀 강이 사람을 시름겹게 하네.

42. 登高 (높은 곳에 올라)

세찬 바람 높은 하늘 슬픈 원숭이 소리
맑은 물 하얀 모래에 날아도는 새들.
끝없이 낙엽은 우수수 떨어지고
한없는 장강은 출렁출렁 흐르네.
만리타향 슬픈 가을 늘 나그네 신세
한평생 병이 많아 홀로 누대에 오르네.
가난과 고생으로 흰머리만 수북하고
쇠약하여 이제는 탁주잔도 들지 않네.

43. 凉州詞 (양주의 노래)

포도주 좋은 술에 야광 술잔
마시려 하는데 비파소리 말 위에서 재촉하네.
취해 모래사장에 쓰러져도 그대 비웃지 말게
예부터 전장에서 몇이나 돌아왔던가?

44. 秋夜寄丘員外 (가을밤 구원외에게 부치다)

그대 그리워하는데 마침 가을밤이라
산보하며 시원한 날씨를 읊조리네.
빈 산에 솔방울 떨어지면
숲속의 자네도 잠 못 이루겠지.

45. 行宮 (행궁)

쓸쓸히 퇴락한 옛 행궁
궁궐의 꽃들만 적막하게 붉어라.
백발의 궁녀만이 남아서
한가롭게 앉아 현종을 이야기하네.

46. 江雪(눈 내리는 강)

온 산에 나는 새 끊어지고
모든 길에 인적도 사라졌네.
외로운 배 도롱이에 삿갓 쓴 늙은이
홀로 차갑게 눈 내리는 강에서 낚시하네.

47. 把酒問月 (술잔을 잡고 달에게 묻다)

푸른 하늘에 저 달이 언제부터 있었는지
나 이제 술잔 멈추고 한번 물어보리라.
사람은 밝은 달에 오를 수 없는데
달은 운행하며 오히려 사람을 따르네.
밝기는 나는 거울이 붉은 궁궐에 있는듯
푸른 안개 다 사라지자 맑은 빛을 뿌리네.
다만 밤마다 바다 위로 오는 것을 볼 뿐
새벽이면 구름 사이로 사라짐을 어찌 알리오?
옥토끼는 봄가을로 약방아를 찧고
항아는 외롭게 깃들어 누구와 이웃하는지.
지금 사람은 옛 달을 보지 못했으나
저 달은 일찍이 옛사람 비추었겠지.
옛사람 지금 사람 흐르는 물 같으니
함께 밝은 달 보며 모두 이와 같았으리.
오직 원하기는 노래하고 술 마실 때
달빛이 언제나 금 술잔 속을 비춰주길.

48. 題西林壁 (서림사의 벽에 쓰다)

가로로 보면 산줄기요 옆으로 보면 봉우리라
멀리 가까이, 높고 낮음이 각기 다르구나.
여산의 진면목을 알 수 없는 것은
몸이 그 산 안에 있기 때문이라네.

제2장

고사성어편(故事成語篇)

번역

1. 삼고초려(三顧草廬)

저는 본래 평민으로 남양(南陽) 땅에서 몸소 밭을 갈며, 난세에 구차히 생명이나 보전하고자 하여 제후에게 이름이 알려지기를 구하지 않았습니다. 선제(先帝)께서 저를 비천하다고 여기지 않으시고 외람되이 몸소 왕림하시어 저의 누추한 초가집을 세 번이나 찾아오셔서 현재 세상의 일들을 자문하셨습니다. 이로 인해 감격하여 마침내 선제(先帝)께 온 힘을 다해 섬길 것을 허락하였습니다.

2. 모순(矛盾)

초(楚)나라 사람 중에 방패와 창을 파는 사람이 있었다. 방패를 자랑하면서 "내 방패는 견고하여 뚫을 수 있는 것이 없습니다." 하였고, 또 자신의 창을 자랑하면서 "내 창은 날카로워서 물건을 뚫지 못하는 것이 없습니다."라고 하였다. 어떤 사람이 말하기를 "그대의 창으로 그대의 방패를 뚫으면 어떻게 될까요?"라고 하니 그 사람이 대답하지 못했다. 무릇 뚫을 수 없는 방패와 뚫지 못하는 것이 없는 창은 같은 세상에 존재할 수 없는 것이다.

3. 문경지교(刎頸之交)

이미 마치고 귀국하여 인상여(藺相如)의 공이 크다고 여겨 벼슬을 주어 상경으로 삼으니 지위가 염파(廉頗)보다 높았다. 염파가 말하길, "나는 조(趙)나라 장수가 되어 성을 공격하고 들에서 싸운 큰 공이 있다. 그러나 인상여는 한갓 입과 혀만을 수고롭게 했을 뿐인데 지위가 나의 위이다. 게다가 인상여는 본래 천한 사람이니, 나는 부끄러워 차마 그의 아래가 될 수 없다."라고 하면서 선언하기를 "내가 인상여를 보면 반드시 그를 욕보이겠다." 하였다. 인상여가 듣고는 함께 만나려 하지 않고, 매번 조회 때마다 늘 병을 핑계 삼아 염파와 반열을 다투려 하지 않았다.

이윽고 인상여가 외출하였다가 멀리서 염파를 보고 수레를 끌어서 숨었다. 이에 인상여의 집사들이 서로 간언하기를 "저희가 친척을 떠나서 주군을 섬기는 것은, 다만 그대의 높은 의기를 사모한 것입니다. 지금 주군께서는 염파와 같은 서열이고, 염파가 나쁜 말을 퍼트리는데도 도리어 주군은 두려워 숨으니, 두려워함이 너무 심합니다. 이는 보통사람도 오히려 부끄러운 일인데, 하물며 장상의 지위에 있는 사람이야 어떻겠습니까? 저희는 어리석지만 사직하고 떠날 것을 청합니다."라고 하였다.

인상여는 진실로 그들을 만류하며 "그대들이 볼 때 염장군과 진왕(秦王) 중에 누가 더 낫다고 생각하는가?"라고 물으니 "염장군이 진왕만 못합니다."라고 하였다. 인상여가 "대저 진왕의 위엄에도 내가 조정에서 그를 꾸짖어 그 군신들을 욕보였다. 내가 비록 노둔하나 유독 염장군을 두려워하겠는가! 다만 내가 생각해보건대 강한 진나라가 감히 조나라를 공격하지 못하는 것은 우리 두 사람이 있기 때문이다. 지금 두 마리 호랑이가 싸우면 그 형세 상 둘 다 살 수 없다. 내가 이렇게 하는 까닭은 국가의 위급함을 먼저하고 개인의 원한을 나중으로 생각하기 때문이다."라고 하였다.

염파는 그 말을 듣고 웃옷을 벗고 가시를 짊어지고 손님을 통해 인상여의 문에 이르러 사죄하고 이르길 "비천한 사람이 장군의 관대함이 이토록 지극한 줄 알지 못했습니다."라고 하였다. 마침내 인상여는 기뻐하며 함께 문경지교를 맺었다.

4. 사면초가(四面楚歌)

항왕의 군대가 해하(垓下)에 진지를 구축했는데, 병사는 적고 식량은 다 떨어졌다. 한나라 군대와 제후의 병사들이 몇 겹으로 포위하였다. 밤에 한나라 군대가 사방에서 모두 초나라노래를 부르는 것이 들려왔다. 항왕이 매우 놀라며 물었다. “한나라가 다 이미 초나라를 얻었는가? 어찌 이렇게 초나라 사람이 많단 말인가!” 항왕이 밤에 일어나 휘장 안에서 술을 마셨다. 이름이 우(虞)인 미인이 있었는데 항상 총애를 받으며 따라다녔고, 추(騅)라는 이름의 준마도 항상 타고 다녔다. 이에 항왕이 슬프게 노래하며 비장하게 스스로 시를 지었다. 그 노래는 “힘은 산을 뽑고 기운은 세상을 덮었었지, 시운이 불리하니 오추마가 나아가지를 않는구나. 오추마가 나아가지 못하니 무엇을 할 수 있으리오, 우미인이여! 우미인이여! 너를 어찌하리!” 노래가 몇 번 끝나자 미인이 화답하였다. 항왕이 흐느끼며 눈물을 줄줄 흘리니 좌우에서 모두 울면서 감히 바라보지를 못했다.

5. 오십보백보(五十步百步)

양(梁)나라 혜왕(惠王)이 말하기를 "과인은 치국에 마음을 다하고 있습니다. 하내(河內) 지방에 흉년이 들면 그 백성을 하동(河東)지방으로 이주를 시키고, 그 곡식을 하내로 옮겼으며, 하동지방에 흉년이 들면 또한 그렇게 하였습니다. 그런데 이웃 나라의 정치를 살피건대 과인처럼 마음을 쓰는 자가 없는데도 이웃 나라의 백성이 적어지지 않으며, 과인의 백성이 더 많아지지 않으니, 무엇 때문입니까?" 하였다.

맹자가 대답했다. "왕께서 전투를 좋아하시니 전투로 비유해보겠습니다. 둥둥 북이 울리고 병기와 칼날이 서로 부딪히자, 갑옷을 버리고 병기를 끌고 도망가는데, 어떤 이는 100보를 도망한 뒤에 멈추고, 어떤 이는 50보를 도망하고 멈추어서, 오십보 도망한 이가 백보 도망한 이를 비웃는다면 어떻겠습니까?"라고 하니 왕이 말했다. "옳지 않습니다. 다만 백 보가 아닐 뿐이지 또한 달아난 것입니다." 맹자가 말했다. "왕께서 그와 같음을 아신다면, 백성들이 이웃 나라보다 많아지기를 바라지 마십시오."라고 했다.

6. 배수지진(背水之陣)

여러 장수가 한신에게 물었다. "병법에 산과 구릉을 오른쪽과 뒤에 두고, 물과 연못을 앞과 왼쪽에 두라고 했습니다. 그런데 지금 장군께서는 저희에게 도리어 배수진을 치게 했는데도 승리한 것은 무엇 때문입니까?"라고 하니 한신이 대답했다. "이것도 병법에 있는데 다만 그대들이 살피지 못했을 뿐이다. 병법에 이르지 않았던가? '죽을 땅에 그들을 빠뜨린 뒤에 살고, 망할 곳에 그들을 두게 한 뒤에 생존한다.'라고. 게다가 나는 평소에 훈련을 시킨 군사와 군관을 얻은 것이 아니다. 이것은 소위 시장 사람들을 몰아서 싸운 것이다. 그들에게 살 곳을 두면 모두 달아날 것이니 어찌 그들을 쓸 수 있겠는가?" 하니 장수들이 모두 탄복하였다.

7. 지록위마(指鹿爲馬)

중승상(中丞相) 조고(趙高)가 진(秦)나라의 권세를 전횡하고자 했으나 신하들이 따르지 않을까 염려되어 이에 먼저 시험을 해 보고자 사슴을 가지고 와서 2세 황제에게 바치면서 "말입니다."라고 말했다. 2세 황제가 웃으며 말하기를 "승상이 잘못 안 것이오. 사슴을 가리켜 말이라고요?" 좌우에 물어보자, 혹자는 입을 다물고 혹자는 말을 했다. 조고는 몰래 사슴이라고 말한 사람들을 법으로 벌을 주었다. 그 뒤 신하들은 모두 조고를 두려워하여 감히 그의 잘못을 말하는 자가 없었다.

8. 조강지처(糟糠之妻)

후한(後漢) 송홍(宋弘)은 자가 중자(仲子)이며 경조(京兆) 장안(長安) 사람이다. 광무제가 즉위하자 대사공(大司空)이 되었다. 당시 황제의 누이 호양(湖陽) 공주가 막 과부가 되었는데 황제는 함께 조정의 신하들에 대해 논의하며 그녀의 의중을 살폈다. 공주가 말하길, "송공은 위엄 있는 용모에 덕과 도량이 있어 신하들이 미칠 수 없습니다." 라고 하니, 황제가 "장차 그를 알아보겠다"라고 말했다.

후에 송홍을 불러 친견하매, 황제는 공주를 병풍 뒤에 앉아 있게 하였다. 그리고 송홍에게 말하기를 "속담에 '귀해지면 사귐을 바꾸고, 부유해지면 아내를 바꾼다.' 하였는데 사람의 정인가?"라고 물었다. 송홍이 대답했다. "가난하고 천했을 때의 사귐은 잊어서는 안 되고, 술지게미와 쌀겨를 함께 먹던 아내는 집에서 내쫓지 않는다고 들었습니다." 황제가 공주를 돌아보며 "일이 이루어지지 않겠구나."라고 말했다. 송홍은 받은 봉급을 구족에게 나누어 진휼했기에 집에 재산이 없어 청렴한 행동으로 칭송을 받았다. 송홍이 추천하여 벼슬에 나아간 어진 선비는 환담, 왕량 등 30여 명인데 어떤 이는 재상, 공경에 이르렀다.

9. 단장(斷腸)

환공(桓公)이 촉에 들어 삼협(三峽)에 이르렀는데, 부대원 중에 원숭이 새끼를 잡은 자가 있었다. 그 어미가 언덕을 따라오며 슬프게 울부짖었는데 배가 백여리를 가도 떠나가지 않았다. 마침내 배 위로 뛰어들었는데 곧 즉사하였다. 그 배 속을 갈라서 보니 창자가 모두 마디마디 끊어져 있었다. 환공이 그것을 듣고 격노하여 그 사람을 쫓아내라고 명령하였다.

10. 절영지회(絶纓之會)

초(楚)나라 장왕(莊王)이 여러 신하에게 술을 하사했다 날이 저물고 술자리가 무르익었을 때 등불이 꺼졌다. 그때 어떤 사람이 미인의 옷을 잡아당기는 사람이 있었다. 미인이 그의 갓끈을 잡아당겨 끊고 왕에게 아뢰었다. "지금 불이 꺼지자 첩의 옷을 잡아당긴 자가 있었습니다. 첩이 그의 갓끈을 끊어 지니고 있으니 불을 재촉하여 가져오게 하여 갓끈 끊어진 자를 찾으십시오."라고 했다.

왕이 말했다. "내가 사람들에게 술을 내려 취하게 해 예를 잃게 했는데, 어찌 부인의 정절을 드러내고자 신하를 욕보일 수 있겠는가?"라고 하면서 곧 좌우에 명령하였다. "오늘 과인과 더불어 술을 마시면서 갓끈을 끊지 않은 자는 즐거워하지 않는 자이다."라고 하니 군신 백여명이 모두 자신의 갓끈을 끊어버리고, 불을 밝혀 끝까지 즐거움을 다한 뒤에 잔치를 마쳤다.

3년이 지나고 진(晉)나라와 초(楚)나라가 싸우는데, 어떤 한 신하가 항상 앞장서서 다섯 번 싸움에 다섯 번 분전하여 앞에서 적을 격퇴해 마침내 승리할 수 있었다. 장왕이 이상하게 여겨 "과인은 덕이 적고 또 일찍이 그대를 특별하게 대우하지도 않았는데 그대는 무슨 까닭으로 이처럼 의심 없이 나섰는가?"라고 물으니 대답하기를 "신은 마땅히 죽어야 했습니다."

"지난번 술에 취해 예를 잃었는데 왕께서 참으시고 벌을 내리지 않았습니다. 저는 끝내 남몰래 감싸주신 덕을 밝게 드러내어 왕께 감히 보은하지 않을 수 없었습니다. 항상 간과 뇌를 땅에 쏟고 목의 피를 적군에게 뿌려 그 은혜를 갚을 수 있기를 원한 지 오래되었습니다. 제가 바로 그날 밤 잔치에서 갓끈이 끊어졌던 자입니다."라고 하였다.

마침내 진군을 물리치고 초나라가 강해졌으니, 이것이 남몰래 덕을 베풂이 있으면 반드시 드러내어 보답한다는 것이다.

11. 청출어람(青出於藍)

학문은 그만두어서는 안 된다. 푸른색은 쪽 풀에서 취했으나 쪽 풀보다 푸르다. 얼음은 그것을 물로 만들었지만, 물보다 차갑다. 나무가 곧아서 먹줄에 맞아도 구부려서 바퀴를 만들면 그 굽음이 컴퍼스에 맞아서 비록 햇볕에 말리더라도 다시 곧아지지 않는 것은 구부림이 그렇게 되도록 한 것이다. 그리하여 나무는 먹줄을 받으면 곧아지고, 쇠는 숫돌을 만나면 날카로워지고, 군자는 널리 배우고 날마다 세 가지로 자신을 살피면 지혜가 밝아지고 과실이 없어질 것이다. 그러므로 높은 산에 오르지 않으면 하늘의 높음을 알지 못하고, 깊은 계곡에 가보지 않으면 땅의 두터움을 알지 못하고, 선왕의 남기신 말씀을 듣지 못하면 학문의 위대함을 알지 못한다. 간(干), 월(越), 이(夷), 맥(貉)의 아이들이 태어났을 때는 같은 소리를 내지만 자라면서 습속이 달라지는 것은, 가르침이 그들에게 그렇게 하도록 한 것이다.

12. 다다익선(多多益善)

황제께서 일찍이 조용히 한신과 함께 여러 장수의 잘하는 것과 그렇지 못한 것에 대해 말하는데, 각각 차이가 있었다. 황제가 묻기를 "나 같은 사람은 몇 사람이나 거느릴 수 있겠는가?" 하니 한신이 말했다. "폐하께서는 10만 명을 거느릴 수 있는데 불과합니다." 황제가 말했다. "그대는 어떠한가?" 물으니 답하기를 "신은 많으면 많을수록 더욱 좋습니다."라고 하였다. 황제가 웃으며 말하길, "많으면 많을수록 좋다면서 무엇 때문에 나의 부하가 되었는가?" 하니 한신이 "폐하는 병사를 잘 거느리지는 못하지만, 장수를 잘 거느리십니다. 이것이 곧 제가 폐하의 신하가 된 까닭입니다. 게다가 폐하는 소위 하늘이 내린 것이지 사람의 힘이 아닙니다."라고 하였다.

13. 관포지교(管鮑之交)

관중(管仲)이 말하였다. "내가 처음 곤궁했을 때, 일찍이 포숙(鮑叔)과 장사를 했는데, 재물의 이익을 나누면서 자신에게 많이 주었으나, 포숙은 나를 탐욕스럽다 여기지 않았다. 나의 가난함을 알아주었다. 내가 일찍이 포숙을 위해 일을 도모하다가 더욱 곤궁하게 되었으나 포숙은 나를 어리석다 여기지 않았다. 때에는 유리할 때와 불리할 때가 있음을 알아주었다. 내가 일찍이 세 번 벼슬했다가 세 번 주군에게 쫓겨났는데 포숙은 나를 불초하다 여기지 않았다. 내가 때를 만나지 못했음을 알아주었다. 내가 일찍이 세 번 전쟁에 나갔다가 세 번 달아났는데 포숙은 나를 비겁하다 여기지 않았다. 나에게 노모가 있음을 알아주었다. 공자 규(糾)가 패하자 소홀(召忽)은 죽었고 나는 감옥에 갇혀 모욕을 당했지만, 포숙은 나를 염치없는 사람이라 여기지 않았다. 내가 작은 절개를 부끄러워하지 않고, 천하에 공명을 드러내지 못함을 부끄럽게 여긴다는 것을 알아주었다. 나를 낳아준 사람은 부모요, 나를 알아준 사람은 포선생이었다." 포숙이 이미 관중을 추천한 후에 자신을 그 보다 낮추었으나, 자손들은 대대로 제(齊)나라에서 봉록을 받아 봉읍(封邑)을 소유한 것이 10여 세였고 항상 이름난 대부 집안이었다. 천하에서는 관중의 현명함을 칭찬하지 않고 포숙이 사람을 잘 알아보았다고 칭찬하였다.

14. 새옹지마(塞翁之馬)

무릇 재앙과 복은 변하면서 서로 생겨나니 그 변화를 알기 어렵다. 변방 근처에 사는 사람 중에 점술에 뛰어난 자가 있었는데 말이 까닭 없이 도망하여 오랑캐 땅으로 들어가니 사람들은 모두 그를 위로하였다. 그 어르신이 말하기를 "이것이 어찌 갑자기 복이 되지 않겠는가?" 하였다. 몇 개월이 지나자 그 말이 오랑캐 땅의 준마를 데리고 돌아오자 사람들이 모두 그것을 축하하였다. 그 어르신이 말하기를 "이것이 어찌 갑자기 화가 되지 않겠는가?" 하였다. 집에 좋은 말들이 많아지자 그 아들이 말타기를 좋아하다가 떨어져 그의 다리가 부러지자 사람들이 모두 그를 위로하였다. 그 어르신이 말하길 "이것이 어찌 갑자기 복이 되지 않겠는가?" 하였다. 1년이 지나서 오랑캐가 크게 변방을 침입하자 장정들은 활을 당기며 싸웠다. 변방 근처 사람 중에 죽은 자가 열에 아홉이었으나 이 아들은 유독 절름발이라는 이유로 부자가 서로 온전하였다. 그리하여 복이 재앙이 되고, 재앙이 복이 되니 그 변화는 끝이 없고 그 깊이는 헤아릴 수가 없다.

15. 각주구검(刻舟求劍)

초(楚)나라 사람 중에 강을 건너려는 자가 있었는데, 자신의 검을 배에서 물에 빠뜨리자, 갑자기 그 배에 새기면서 말했다. "이곳이 내 검을 빠뜨린 곳이다." 배가 정지하자 그 새긴 곳으로부터 물에 들어가 그것을 찾았다. 배는 이미 갔으나 검은 가지 않았으니 이처럼 검을 찾는 것은 또한 어리석지 않겠는가?

16. 결초보은(結草報恩)

가을 7월에 진(秦)나라 환공(桓公)이 진(晉)나라를 쳐서 보씨(輔氏)에 머물렀다. 임오(壬午)에 진(晉)나라 군주는 직(稷)에서 군대를 정돈하여 오랑캐의 땅을 침략하고 여(黎)나라의 군주를 세워주고 돌아갔다. 낙(雒)에 이르러 위과(魏顆)가 보씨에서 진나라 군대를 패배시키고 두회(杜回)를 잡았는데 두회는 진나라의 유력인사였다. 일찍이 위무자(魏武子)에게는 사랑하는 첩이 있었는데, 그 사이에 아들이 없었다. 위무자는 병이 들자 위과(魏顆)에게 "(이 사람을) 개가시켜주어라" 명하였다. 병이 심해지자 "반드시 순장시켜라"라고 하였다. 위무자가 죽자 위과는 그녀를 개가시키면서 "병이 심해지면 정신이 혼란해지니 나는 아버지께서 맑은 정신일 때 하신 말씀을 따르겠다."라고 하였다. 보씨의 전쟁에서 위과는 노인이 풀을 엮어서 두회를 막는 것을 보았다. 두회가 걸려 넘어졌으므로 그를 사로잡을 수 있었다. 그날 밤 꿈에 "나는 당신이 개가시킨 부인의 아버지요. 그대가 선친이 맑은 정신일 때의 명령을 따랐기 때문에 내가 그렇게 보답한 것이오"라고 하였다.

17. 와신상담(臥薪嘗膽)

오(吳)나라가 월(越)나라를 정벌하려다 오나라 왕인 합려(闔廬)가 부상으로 죽었다. 아들 부차(夫差)가 즉위하니 자서(子胥)는 다시 그를 섬겼다. 부차는 복수에 뜻을 두고 아침저녁으로 땔나무에 누워 출입하는 사람들에게 "부차야! 너는 월나라 사람이 너의 아버지를 죽인 일을 잊었는가?"라고 부르짖게 하였다. 주(周)나라 경왕(敬王) 26년, 부차는 부초산(夫椒山)에서 월나라를 격퇴했다. 월나라 왕인 구천은 남은 병사들을 거느리고 회계산(會稽山)에 머물면서 자신은 신하가 되고 아내는 첩이 되기를 청했다. 오자서는 안 된다고 말했지만, 태재(太宰)인 백비(伯嚭)가 월나라에서 뇌물을 받고 부차에게 월나라를 용서하도록 설득했다. 구천은 나라로 돌아가서 앉고 눕는 곳에 쓸개를 매달아 두고 그것을 쳐다보며 맛을 보고는 "너는 회계산의 수치를 잊었는가?"라고 하였다 모든 나라의 정치는 대부인 종(種)에게 맡기고, 범려(范蠡)와 군대를 다스리며 오나라 도모할 것을 일삼았다.

18. 가정맹어호(苛政猛於虎)

공자께서 태산의 곁을 지날 때, 한 부인이 묘지에서 통곡하는데 슬퍼 보였다. 공자께서 예를 표하고 그것을 듣다가 자로(子路)를 시켜 물어보게 하였다. "그대의 통곡은 한결같이 깊은 근심이 있는 것 같소이다." 그러자 대답하기를 "그렇습니다. 옛날에 제 시아버지가 호랑이에게 죽고, 제 남편이 또 그렇게 죽고, 이제 제 아들도 그렇게 죽었습니다." 공자께서 말씀하시길 "어찌하여 떠나지 않으시오?"라고 물으니 대답하길 "가혹한 정치는 없습니다."라고 하였다. 공자께서 말하길 "제자들아! 이것을 기억하여라. 가혹한 정치는 호랑이보다 사납구나."라고 하셨다.

19. 조장(助長)

송(宋)나라 사람 중에 벼 싹이 자라지 못함을 안타깝게 여겨 그것을 뽑아놓은 자가 있었다. (그리고) 허둥지둥 돌아와서 집안사람들에게 말했다. “오늘 피곤하구나. 내가 싹이 자라도록 도왔다.” 그 아들이 달려가서 살펴보니 벼 싹이 바로 말라 있었다. 천하에 벼 싹이 자라도록 돕지 않는 이가 드물다. 유익함이 없다고 여겨서 그것을 버려두는 자는 벼 싹을 김매지 않는 자요. 자라도록 돕는 자는 벼 싹을 뽑아놓는 자이니, 다만 이익이 없을 뿐 아니라, 또한 그것을 해치는 것이다.

20. 지음(知音)

백아(伯牙)는 거문고를 잘 연주했고 종자기(鍾子期)는 듣기를 잘했다. 백아가 거문고를 연주할 때 뜻을 높은 산에 오르는 데 두면, 종자기가 말했다. "좋도다! 높고 높아서 태산과 같도다"라고 하였고, 뜻을 흐르는 물에 두면, 종자기는 말했다. "좋도다! 넓고 넓은 것이 장강, 황하와 같도다."라고 하였다. 백아가 생각한 것을 종자기는 반드시 이해하였다. 백아가 태산(泰山)의 북쪽에서 노닐 때 갑자기 폭우를 만나 바위 밑에서 쉬는데 마음이 슬퍼져 거문고를 끌어당겨 연주하였다. 처음에는 장맛비의 곡조로 연주하다가, 다시 산이 무너지는 음을 연주했다. 매 곡이 연주될 때마다 종자기는 번번이 그 뜻을 다 이해하였다. 백아가 이에 거문고를 놓아두고 감탄하며 말했다. "좋도다! 좋도다! 그대의 들음이여! 뜻을 상상하는 것이 내 마음과 같도다. 내가 어디로 소리를 숨기겠는가?" 종자기가 죽자 백아는 거문고를 부수고 줄을 끊더니, 종신토록 다시는 거문고를 연주하지 않았다. 세상에 다시 거문고를 연주해줄 만한 사람이 없다고 여긴 것이다.

제3장

명문편(名文篇) 번역

1. 춘야연도리원서(春夜宴桃李園序)

대저 천지는 만물이 쉬어가는 곳이며, 시간은 긴 세월을 지나는 나그네 같은 것이다. 덧없는 인생 꿈과 같으니 즐거움은 얼마이런가? 옛사람들이 촛불을 들고 밤에도 놀았으니 참으로 까닭이 있었구나. 하물며 따뜻한 봄날은 안개 낀 풍경으로 나를 부르고, 대자연은 나에게 온갖 모습을 보여줌에랴. 복사꽃 오얏 꽃의 향기로운 정원에 모여 천륜의 즐거운 일을 펼치네. 아우들은 뛰어나 사혜련(謝惠連)과 같은데, 내가 읊은 시는 유독 사강락(謝康樂)에게 부끄럽네. 그윽한 감상 아직 끝나지 않았는데 고상한 담론은 더욱 맑아지네. 훌륭한 잔치 열어 꽃 사이에 앉아서 술잔을 날리며 달빛에 취하네. 좋은 작품 쓰지 못한다면 우아한 회포를 무엇으로 펼칠 것인가? 만약 시를 이루지 못한다면 벌은 금곡(金谷)의 술잔 수로 마시게 하리라.

2. 오류선생전(五柳先生傳)

선생은 어떤 사람인지 알 수가 없다. 또 성(姓)과 자(字)도 분명하지 않다. 집 주변에 다섯 그루의 버드나무가 있었기에 그로 인해 호로 삼았다. 고요하고 말수가 적으며 명예나 이익을 추구하는 마음이 없었다. 독서를 좋아하지만 깊이 이해하기를 구하지는 않았다. 매번 뜻과 맞는 데가 있으면 기뻐서 식사하기도 잊었다. 성품이 술을 좋아하지만, 집이 가난해 항상 얻지는 못했다. 친구들이 그러한 사정을 알고 간혹 술을 준비해 부르면, 마실 때마다 번번이 다해버렸다. 기대는 반드시 취함에 있었고 이미 취해 물러갈 때는 가고 머무는 정에 미련을 두지 않았다. 사방 벽은 헐어서 바람과 햇볕을 가리지 못하고, 짧은 갈옷은 구멍이 나서 기웠고, 밥그릇, 물그릇도 자주 비었지만 평온하였다. 언제나 문장을 지어 스스로 즐기며 자못 자기의 뜻을 보여 득실을 잊었는데, 그렇게 생을 마치고자 하였다.

3. 애련설(愛蓮說)

수륙 초목의 꽃 중에 사랑스러운 것이 매우 많다. 동진(東晉) 도연명은 유독 국화를 사랑하였고, 당(唐)나라 이래 세상 사람들은 모란을 매우 사랑하였다. 나는 유독 연꽃이 진흙에서 나왔으면서도 더러움에 물들지 않고, 맑은 잔물결에 씻기면서도 요염하지 않으며, 속은 비어 통하고 겉은 곧으며, 넝쿨 지지 않고 가지 뻗지도 않으며, 향기는 멀수록 더욱 맑아지고, 꼿꼿이 깨끗하게 서 있어 멀리서 바라볼 수는 있지만 가까이 함부로 희롱할 수 없음을 사랑한다.

나는 생각한다. "국화는 꽃 중의 은둔자요. 모란은 꽃 중의 부귀한 자이다. 연꽃은 꽃 중에 군자로다." 아! 국화를 사랑하는 이는 도연명 이후로 드물게 들려오고, 연꽃을 사랑하는 이는 나와 함께 누구일까? 모란을 사랑하는 이는 많음이 마땅하도다.

4. 희우정기(喜雨亭記)

정자에 비로써 이름을 지은 것은 기쁨을 뜻한 것이다. 옛날에는 기쁨이 있으면 곧 이로 물건에 이름을 붙였는데 잊지 않고자 함을 보인 것이다. 주공(周公)은 벼를 얻음으로써 그 서(書)에 이름을 붙이고, 한(漢) 무제(武帝)는 정(鼎)을 얻음으로써 그 해(年)에 이름을 붙이고, 숙손(叔孫)은 적을 이김으로써 그 아들에 이름을 붙이니, 그 기쁨의 대소는 같지 아니하나 그 잊지 않음을 보이려는 것은 한 가지이다.

내가 부풍(扶風)에 이른 이듬해 비로소 관사를 다스리면서 정자를 관사의 북쪽에 짓고, 못을 그 남쪽에 파고 물을 끌어들여 나무를 심어, 휴식의 장소로 삼았다. 그해 봄에 보리를 기산(岐山)의 남쪽에 뿌리고 점을 치니 풍년이 있다 하였다. 이윽고 한 달이 되도록 비가 오지 않자 백성이 바야흐로 근심하였다. 삼월이 넘어 을묘(乙卯)일에 비가 내리고, 갑자(甲子)일에 또 비가 왔다. 그러나 백성들은 풍족하다 여기지 않았다. 정묘(丁卯)일에 큰비가 내려 삼일 만에 그쳤다. 관리는 서로

뜰에서 축하하고, 장사하는 사람들은 서로 함께 시장에서 노래하고, 농부는 서로 들에서 손뼉을 쳤다. 근심하던 자는 기뻐하고 병든 자는 나았다. 그리고 나의 정자도 마침 이루어졌다.

이에 정자에서 술을 들고 빈객에게 권하면서 물었다. "5일 비가 안 와도 괜찮았을까?" 대답하길 "5일 비가 안 오면 보리가 없을 것입니다" 하였다. "10일 비가 안 오면 괜찮았을까?" 물으니 "10일 비가 안 오면 벼가 없을 것입니다" 대답하였다. 보리가 없고 벼가 없으면 해는 거듭 기근이어서 옥의 송사가 드세게 일고 도적이 더욱 날뛸 것이다. 그렇다면 나와 여러분이 비록 이 정자에서 여유를 부리며 즐기고자 해도 그럴 수 있겠는가? 이제 하늘이 이 백성을 버리지 않으시어, 처음에는 가물다가 비를 내려주셔서, 나와 여러분이 이 정자에서 여유롭게 즐기게 하시니, 모든 것이 비가 내려준 것이라, 그 또한 잊을 수 있을 것인가?

이미 정자의 이름은 짓고, 또 이어서 노래하는데 그 노래에 이르길: 설령 하늘이 진주를 내려도 추운 자는 옷을 만들 수 없고, 하늘이 옥구슬을 내려도 주린 자에게 곡식이 될 수 없다. 한 번에 삼일간 비가 내리니 이 누구의 힘이런가? 백성은 태수라고 말했지만, 태수는 자신이 아니라고 이를 천자에게 돌렸다. 천자께서도 그렇지 않다고 말하며, 이는 조물주에게 돌렸다. 조물주도 스스로 공이라 여기지 않고 이를 태공(太空)에게 돌렸다. 태공은 어둡고 어두워 이름을 붙일 수 없으니, 나는 내 정자에 이름을 붙인 것이다.

5. 원인(原人)

위에 형상을 이룬 것을 하늘이라 하고, 아래에 형상을 이룬 것을 땅이라 하고, 그 둘 사이에 품명 받은 것을 사람이라고 한다. 위에 형상을 이루는 해와 달과 별자리는 모두 하늘에 속하고, 아래에 형상을 이루는 풀과 나무, 산과 강은 모두 땅에 속하고, 그 둘 사이에 품명 받아있는 오랑캐와 금수(禽獸)는 모두 사람에 속한다. "그렇다면 내가 금수(禽獸)를 일컬어 사람이라고 하면 되겠는가?"라고 물으면 "안 된다."라고 말할 것이다. 산을 가리키며 묻기를 "산인가?"라고 물으면 산이라고 말하는 것은 가능한데, 산에 있는 풀, 나무, 짐승을 모두 함께 거론한 것이다. 산의 풀 한 포기를 가리켜 "산인가?"라고 묻는다면 산이라고 말해서는 안 된다.

그러므로 하늘의 도가 어지러워지면 해와 달과 별자리가 그 정상적인 운행을 하지 못하고, 땅의 도가 어지러워지면 풀과 나무와 산과 강이 그 안정을 얻지 못할 것이며, 사람의 도가 어지러워지면 오랑캐와 금수(禽獸)가 그들의 본성을 얻지 못할 것이다. 하늘은 해와 달과 별자리의 주재자요.

땅은 풀과 나무와 산과 강의 주재자며, 사람은 오랑캐와 금수(禽獸)의 주재자이다. 주재자이면서 그들에게 사납게 대하면 주재자의 도를 행하지 못하는 것이다. 이런 까닭으로 성인은 하나로 보아 똑같이 사랑하고, 가까운 것을 독실히 하여 먼 것까지 거두어들인다.

6. 종수곽탁타전(種樹郭橐駝傳)

곽탁타는 처음 어떤 이름이었는지 알지 못한다. 꼽추병을 앓아 등이 높이 솟아서 구부리고 다녀 탁타와 비슷한 점이 있어서 마을 사람들이 탁타라고 불렀다. 탁타가 그것을 듣고 말했다. "참 좋도다! 이름이 나에게 진실로 합당하다." 그리하여 자신의 이름을 버리고 역시 스스로 탁타라 했다고 한다. 그의 고향은 풍락(豐樂)이라고 하는데, 그 고을은 장안의 서쪽에 있다.

탁타는 나무 심는 것을 직업으로 했는데, 모든 장안의 권세가나 부호들이 완상하기 위해서 또는 과실을 팔려는 사람들이 모두 다투어 맞아들여 보살펴달라고 했다. 탁타가 나무를 심으면, 혹 옮기더라도 살지 않는 것이 없었고 또한 건강하여 일찍 열매를 맺고 울창하였다. 다른 나무를 심는 사람이 엿보고 따라 해 보았지만 같지 않았다.

어떤 사람이 그것을 물으니 대답하기를 "탁타는 나무가 오래 살거나 쑥쑥 자라게 할 수는 없고, 나무의 천성을 따라 그 본성을 다하도록 할 뿐입니다."라고 했다. 대저 심은 나무의 본성은, 그 뿌리는 펼쳐지고자 하며, 돋워

줌은 고르기를 원하고, 흙은 본래의 것이고자 하며, 촘촘히 다져지기를 원합니다. 이미 그렇게 하였다면 움직여보지 말고, 염려도 하지 말고 떠나서 다시 돌아보지 않습니다. 심을 때는 자식처럼 하고 내버려 둘 땐 버린 것처럼 해야 나무의 천성이 온전해져 그 본성을 얻게 됩니다. 그러므로 저는 자람을 방해하지 않을 뿐 크게 하거나 무성하게 할 수 있는 게 아닙니다. 그 실질을 억누르지 않을 뿐 그것을 빨리 자라게 하거나 무성하게 할 수 있는 것이 아닙니다.

다른 심는 자들은 그렇지가 않아서, 뿌리는 말리게 하고 흙은 바꾸며, 그 북돋워 주는 것도 지나치지 않으면 미치지 않습니다. 진실로 이와 반대로 함이 있는 자는, 사랑하는 것이 너무 은혜롭거나 염려하는 것이 너무 부지런합니다. 아침에 보고 저녁에 어루만지고 이미 떠났다가 다시 돌아봅니다. 심한 사람은 나무껍질을 손톱으로 긁어보아 살았는지 말랐는지 확인하고, 그 뿌리를 흔들어 그 성글고 빽빽한지를 봅니다. 그리하여 나무의 본성이 날로 떠나갑니다. 비록 사랑한다고 말을 하지만 실은 해치는 것입니다. 비록 염려된다고 말하지만 실은 원수로 대하는 것입니다. 그리하여 저의 나무 심는 것과 같지 않습니다. 내가 또 무슨 능력을 부렸겠습니까?

묻는 자가 말했다. "그대의 도(道)를 옮겨서 관(官)을 다스리면 가능하겠는가?" 탁타가 말했다. "저는 나무 심는 것만 알 뿐이니, 다스리는 것은 저의 일이 아닙니다. 그러나 제가 고향에 살면서 높은 분들을 보니, 번거롭게 명령내리기를 좋아하여, 매우 아끼는 것 같은데 끝내는 화가 되게 합니다. 아침저녁으로 관리가 찾아와서 소리치며 말합니다. 관의 명령이다. 너의 경작을 서둘러라, 심는 것에 힘써라, 너의 수확을 잘 살펴라, 빨리 고치를 켜서 실을 뽑아라, 빨리 베를 짜고 명주를 자아라, 어린아이를 양육하라, 너희 닭과 돼지를 키워라. 북을 두드려 모으고 목탁을 쳐서 부릅니다. 우리 소인들은 음식을 차려서 관리를 위로하기에도 겨를이 없는데, 또한 무엇으로 우리 생업을 윤택하게 하고 우리 본성을 편안케 하겠습니까? 이와 같은 것이 내 본업과 또한 비슷함이 있습니다."

물었던 자가 기뻐하며 말했다. "아주 좋지 아니한가! 내가 나무 기르는 법을 물어서 사람 부양하는 방법을 얻었다. 이 일을 전하여서 관의 경계로 삼게 하리라."

7. 귀거래사(歸去來辭)

돌아가리라! 전원이 황폐해지려는데 어찌 돌아가지 않으리? 이미 스스로 마음이 몸을 위해 부려졌거늘 어찌 상심하며 홀로 슬퍼만 하리. 지나간 일은 돌이킬 수 없음을 깨닫고, 오는 것은 따를 수 있음을 안다네. 실로 길을 잃었으나 멀리 가지 않았으니 지금이 옳고 예전이 틀림을 깨달았네. 배는 흔들흔들 가볍게 움직이고, 바람은 살랑살랑 옷깃으로 불어오네. 뱃사공에게 앞길을 물어보면서 새벽빛 희미한 것을 한스럽게 여기네.

이내 초라한 집이 보이자 기뻐서 달려가네. 동복(童僕)이 환영하고 어린 자식이 문에서 기다리네. 세 작은 길은 황폐해졌지만, 소나무와 국화는 여전하구나. 아이 손 잡고 방으로 들어가니 술독에 술이 가득하구나. 술병과 잔을 끌어당겨 자작하면서 뜰의 나뭇가지를 바라보며 편안한 얼굴이 되네. 남창에 기대어 으쓱거려보며, 무릎을 펼만한 작은 방이지만 편안해지네. 정원은 날마다 거닐어서 정취가 생겨나고 문은 비록 세워졌으나 항상 닫혀있네. 지팡이 짚고 다니다가 흐르는 대로 쉬며, 때때로 고개 들어 먼

곳을 바라보네. 구름은 무심히 산 굴에서 나오고 새들은 날다가 지치면 돌아갈 줄을 알지. 햇볕이 어둑어둑 지려 하는데 소나무 한그루 어루만지며 서성이네.

돌아가리라! 사귐을 그치고 유락하는 것도 끊으리. 세상과 내가 어긋나는데 다시 수레를 타고 나간다 한들 무엇을 구할 것인가? 친척들의 정담에 즐거워하고, 거문고와 책을 즐기며 시름을 달래리. 농부가 내게 봄이 왔다고 알려주면 장차 서쪽 밭의 일을 하리라. 혹은 소박한 수레를 준비하게 하고, 어떤 때는 작은 배를 저어가리라. 깊숙한 골짜기를 찾아갔다면 또한 울퉁불퉁한 산길로 구릉을 지나리라. 나무들은 생기를 띠며 무성하고, 샘물은 졸졸 비로소 흘러가리. 만물이 때를 만난 것을 부러워하며, 내 삶이 점점 끝나감을 느낄 것이라.

그만두세! 몸이 세상에서 살아갈 날 다시 얼마나 되기에 어찌 마음 따라서 오고 가는 것을 맡기지 않으리? 무엇을 위해 허둥지둥 어디로 가려 하는가? 부귀는 내 바라는바 아니고, 신선이 되는 것도 기약할 수 없다네. 좋은 때라 여겨지면 홀로 거닐고, 때로는 지팡이를 세워놓고 김을 매리라. 동쪽 언덕에 올라 휘파람 불면서, 맑은 물가에서 시를 지으리. 오로지 변화를 따라 자연으로 돌아갈 것이니, 대저 천명을 즐기되 다시 또 무엇을 의심하리.

8. 루실명(陋室銘)

산은 높은 데 있는 것이 아니라 신선이 있으면 명산이다. 물은 깊은 데 있는 것이 아니라 용이 있으면 신령하다. 이곳이 누추한 집이지만 오직 나의 덕으로 향기롭다. 이끼의 흔적이 초록으로 계단을 오르며, 풀빛은 푸르게 주렴에 비쳐든다. 담소를 나누는 학자가 있을 뿐 왕래하는 미천한 사람은 없다. 소박한 금(琴)으로 곡조를 켜다가 경전을 펼쳐놓고 읽는다. 관현악으로 귀를 어지럽힐 일이 없고 공문서로 몸을 수고롭게 할 일도 없다. 그러니 남양 땅 제갈량(諸葛亮)의 초가나, 서촉(西蜀) 땅 양자운(揚子雲)의 정자에 비견할까. 공자께서도 (설령 오랑캐의 땅에 산다 한들 군자가 거처하면) 무슨 누추함이 있겠는가? 하셨지.

9. 독낙원기(獨樂園記)

우수(나)는 평일에 독서를 하는데, 위로는 성인을 스승 삼고, 아래로는 여러 어진 이를 벗으로 한다. 인의(仁義)의 근원을 들여다보고, 예악(禮樂)의 실마리를 찾는다. 아직 형상(形狀)이 있기 전부터 시작하여 사달(四達) 무궁의 밖에 미치기까지 사물의 이치가 모조리 눈앞에 모여 있다. 가능한 것은 배우고 아직 가능하지 못한 것은, 무엇을 남에게서 구하며 무엇을 바깥에서 기대할 것인가?

마음이 권태로워지고 몸이 피곤하면 곧 낚싯대를 던져 고기를 잡고, 옷깃을 부여잡고 약초를 캐며, 또는 도랑을 내어 꽃에 물을 대며, 도끼를 잡고 대나무를 쪼개고, 대야 물로 더위를 씻기도 하고, 높은 곳에 올라 사방을 둘러보며, 느긋하게 산책도 하고, 오직 내 뜻대로 따른다. 밝은 달이 때때로 이르고, 맑은 바람 절로 불어오니, 가도 붙잡는 이 없고, 멈추어도 막는 이 없네. 눈과 귀, 폐(肺)와 장(腸)이 거두어 나의 소유로 하니, 홀로 거닐어도 여유롭기만 하다. 하늘과 땅 사이에 다시 어떤 즐거움이 있어서 이를 대신할 수 있을지 모르겠다. 그리하여 모두 합하여 독락(獨樂)이라고 명명하였다.

10. 마설(馬說)

세상에 백락(伯樂)이 있고 난 연후에 천리마가 있게 된다. 천리마는 항상 있지만, 백락은 늘 있는 것이 아니다. 그리하여 비록 명마가 있어도 다만 하인들의 손에서 욕이나 당하며, 마구간에서 보통 말과 나란히 죽어가며 천리마로 불리지 못한다.

말이 천 리를 달리려면 한 끼에 혹 곡식 한섬을 다 먹어치우는데, 말을 먹이는 자가 그 말이 천 리를 달릴 수 있는지 모르고 먹인다. 이 말이 비록 천 리를 달릴 능력이 있어도 먹는 것이 배부르지 않아 힘이 부족해 재능의 훌륭함이 겉으로 드러나지 못한다. 그리하여 일반 말과 같아지려고 해도 될 수가 없으니, 어찌 그 말이 천 리를 달릴 수 있기를 바라겠는가?

채찍질을 바른 방법으로 하지 않고, 먹일 때도 재능을 다 발휘하도록 먹이지 않고, 울어도 그 뜻을 알아주지 못하면서, 채찍을 쥐고 다가서서 말하기를 "천하에 좋은 말이 없다."라고 한다. 오호라! 진실로 좋은 말이 없는 것인가? 아니면 진실로 좋은 말을 알아보지 못하는 것인가?

11. 사설(師說)

옛날에 배우는 자는 반드시 스승을 두었다. 스승이란 도를 전하고, 학업을 가르치며, 의혹을 풀어주기 위한 것이다. 사람은 태어나면서부터 아는 자가 아니니 누구인들 의혹이 없겠는가? 의혹이 있어도 스승을 따르지 않으면 그 의혹은 끝내 풀리지 않을 것이다. 나보다 먼저 태어나고 그가 도를 들음도 진실로 나보다 앞선다면, 나는 좇아서 그를 스승으로 삼는다. 나보다 나중에 태어났더라도 도를 들음이 역시 나보다 앞선다면, 나는 좇아서 그를 스승으로 삼는다. 나는 도를 스승으로 삼는 것이니, 어찌 그의 나이가, 나보다 앞서 태어나고 늦게 태어남을 따지겠는가? 이런 까닭으로 귀하다거나 천하다거나 나이가 많다거나 어리거나 할 것 없이, 도가 있는 곳이 스승이 있는 곳이다.

아아! 스승의 도가 전해지지 않은 지 오래되어서, 사람들이 의혹이 없고자 하나 어렵게 되었도다! 옛날의 성인은 사람들보다 뛰어남이 월등했지만, 그래도 오히려 스승을 좇아서 물었거늘, 오늘날의 뭇 사람들은 성인보다 떨어짐

이 매우 멀면서도 스승에게 배우는 걸 부끄러워한다. 이런 까닭에 성인은 더욱 성인이 되고 어리석은 이는 더욱 어리석어지니, 성인이 성스러워지는 까닭과 어리석은 이가 어리석게 되는 까닭이 모두 여기에서 나온다.

그 자식을 사랑해서는 스승을 가려서 가르치면서, 자신에게는 스승을 부끄럽게 여기니 잘못되었도다! 저 어린아이의 스승은 책을 주어서 읽는 법을 익혀주는 자이니, 내가 말하는 도를 전수하고 의혹을 풀어주는 자는 아니다. 책 읽는 법을 알지 못하거나, 의혹을 풀지 못하는 것에 혹은 스승을 두고, 혹은 두지 않으니, 작은 것은 배우고 큰 것은 버리는 것이라, 나는 그들이 현명한 것인지 알 수 없도다.

12. 취옹정기(醉翁亭記)

저주(滁州)를 둘러 모두 산인데, 그 서남쪽에 있는 모든 봉우리는 숲과 골짜기가 더욱 아름답다. 이를 멀리 바라보아 초목이 울창하고 깊고 빼어난 것이 낭야산(琅琊山)이다. 산으로 6, 7리를 가다 보면 점점 물소리가 졸졸 들린다. 그 두 봉우리 사이를 흘러나오는 것이 양천(釀泉)이다. 봉우리를 돌고 길을 돌아서면 샘가에 우뚝한 정자가 있는데 취옹정이다. 정자를 지은 이는 누구인가? 산의 승려 지선(智僊)스님이다. 이름을 지은 자는 누구인가? 태수 자신이다. 태수와 손님들이 여기에 와서 마시는데, 조금만 마셔도 번번이 취하고 나이 또한 가장 많아서 스스로 취옹이라고 불렀다. 취옹의 뜻은 술에 있는 것이 아니고, 산수 사이에 있다. 산수의 즐거움을 마음에 얻어서 이를 술에 의탁한 것이다.

대저 해가 떠서 숲의 안개가 걷히거나, 구름이 돌아가서 바위와 동굴이 어두워지는 등, 어둡고 밝음이 변화하는 것이 산간의 아침, 저녁이요. 들꽃이 피어나 그윽한 향기가 일고, 아름다운 나무들이 빼어나서 녹음이 우거지고, 바람과 서리에 고결해지며, 물이 빠져서 돌이 드러나는 것은 산간의 사계절이다. 아침에 갔다가 저녁에 돌아와도 사시의 풍경이 같지 않으니, 즐거움이 또한 다함이 없다.

등에 짐을 지고 있는 자는 길에서 노래를 부르고, 걸어가는 사람은 나무 아래에서 쉬고, 앞서가는 사람이 부르면 뒤에 가는 사람이 대답하고, 허리를 구부리고 손을 이끌어 오고 가는 사람이 끊이지 않는 것은, 저주 사람들이 유람하는 것이다. 냇가에서 고기를 잡는데 시냇물이 깊어서 고기가 살이 찌고, 양천 물로 술을 빚으면 물이 향기로워 술이 맑고 차다. 산야의 채소를 이것저것 앞에다 벌여놓은 것은 태수가 잔치하는 정경이다. 연회가 무르익고 즐거운 것은 현악기 목관 악기 때문이 아니다. 활을 쏘는 자는 맞히고, 바둑을 두는 자는 이기려 한다. 술잔과 산가지가 교차하고, 일어났다 앉았다 시끌벅적 떠드는 것은 손님들의 즐거움이다. 푸른 얼굴 백발의 노인이 그 사이로 쓰러지면 그것은 태수가 취한 것이다.

이미 산에 석양이 내리고, 사람 그림자가 흩어지는 것은, 태수가 돌아가고 빈객들이 따르는 것이다. 숲속이 어두워지고 새 울음소리가 위아래에서 나는 것은, 유람하던 사람들이 떠나고 날짐승이 즐기는 것이다. 그러나 날짐승은 숲속의 즐거움은 알지만, 사람의 즐거움은 알지 못하고, 사람들은 태수를 따라 노니는 즐거움은 알지만, 태수가 그들의 즐거움을 즐거워한다는 것은 알지 못한다. 취해서 그 즐거움을 함께할 수 있고, 깨어서 글로 서술할 수 있는 자는 태수이다. 태수는 누구를 이르는가? 여릉(廬陵) 구양수이다.

13. 어부사(漁父辭)

굴원(屈原)이 이미 추방당하여 강호에서 노닐며 못가에서 시를 읊조리고 다녔다. 안색이 초췌하고 모습은 수척하였다. 어부가 보고 그에게 물었다. "그대는 삼려대부(三閭大夫)가 아니시오? 무슨 까닭으로 여기에 이르렀습니까?" 굴원이 대답했다. "온 세상이 모두 혼탁한데 나만 홀로 깨끗하고, 뭇 사람들이 다 취했는데 나만 유독 깨어 있으니, 그리하여 추방되었소."

어부가 말했다. "성인은 사물에 얽매이지 않고 능히 세상과 더불어 따라갈 수 있어야 합니다. 세인들이 모두 혼탁하면 어찌 진흙탕을 휘저어 흙탕물을 일으키지 않습니까? 뭇사람들이 모두 취해 있다면 어찌 술지게미를 먹고 모주를 마시지 않습니까? 무슨 연고로 깊이 생각하고 고상하게 행동하여 스스로 추방당하셨는지요?"

굴원이 말했다. "내가 듣건대 새롭게 머리를 감은 사람은 반드시 관을 털어서 쓰고, 새롭게 목욕을 한 사람은 반드시 옷을 털어서 입는다고 하였소. 어찌 깨끗한 몸으로 더러운 물건을 받아들일 수 있겠소. 차라리 상강(湘江)에 뛰어들어

물고기의 배 속에 장사지낼지언정, 깨끗한 몸으로 세속의 더러움을 묻힐 수 있겠소." 어부가 빙그레 웃으며 뱃머리를 두드리고 떠나가며 다음과 같이 노래했다. "창랑(滄浪)의 물이 맑으면 내 갓끈을 씻고, 창랑의 물이 흐리면 내 발을 씻을 수 있는 것을" 마침내 가버리고 다시는 함께 말하지 않았다.

14. 전적벽부(前赤壁賦)

임술년(壬戌年) 7월 열엿샛날, 소식은 객과 함께 배를 띄워 적벽(赤壁) 아래에서 노닐었다. 맑은 바람이 서서히 불어오고 물결은 일지 않았다. 술잔을 들어 객에게 권하면서 명월(明月) 시를 암송하며 요조(窈窕) 장을 노래하였다. 조금 있다가 달이 동산 위로 떠 올라 남두성(南斗星)과 견우성(牽牛星) 사이를 배회하니 흰 이슬이 강에 비껴 있고 물빛은 하늘에 닿았다. 작은 배가 가는 대로 맡겨두니 한없이 드넓고 아득한 물결을 넘어갔다. 넓고 넓어서 마치 허공에 의지하여 바람을 탄 듯 그 머무를 바를 모르고, 나부끼듯 가볍게 떠올라 세상을 버리고 홀로 서서 날개 돋은 신선이 되어 오르는 듯하였다.

이에 술 마시며 즐거움이 깊어지자 뱃전을 두드리고 노래하였다. 그 노래는: "계수나무 노와 목란 삿대로 맑은 물에 비친 달을 치면서 물결을 거슬러 올라가도다. 아득하여라 나의 마음이여! 아름다운 사람을 바라보니 하늘 저쪽에 있구나." 객 중에 퉁소를 부는 이가 있어서 노래에 맞추어 화답하였는데, 그 소리가 구슬퍼서 마치 원망하는 듯, 사모하는 듯, 우는 듯 하소연하는 듯하였다. 여음이 가냘프게 이어져 끊이지 않음이 실과 같으니 깊은 골짜기에 잠긴 교룡이 춤을 추고, 외로운 배의 과부가 흐느껴 우는 것 같았다.

소식이 초연히 옷깃을 여미고 바르게 앉아 객에게 물었다. "어찌하여 소리가 그러한가?" 객이 답한다. "'달 밝고 별이 드물어 까마귀, 까치 남으로 날아간다.' 이는 조맹덕(趙孟德)의 시가 아닌가? 서쪽으로 하구(夏口)를 바라보고, 동쪽으로 무창(武昌)을 바라보매, 산천이 서로 얽혀 울창하고 푸르니 이곳은 맹덕이 주유에게 곤궁을 당했던 곳이 아닌가? 바야흐로 형주(荊州)를 격파하고 강릉(江陵)으로 내려와 흐름을 타고 동으로 갈 때는 배가 천 리에 이어지고 깃발이 하늘을 덮었도다. 술잔을 들고 장강을 내려다보며 창을 비껴들고 시를 읊으니 진실로 일세의 영웅이었도다. 그런데 지금은 어디에 있는가? 하물며 나와 그대는 강가에서 고기 잡고 나무하면서 물고기, 새우와 짝하고, 고라니, 사슴과 벗하고 있으면서, 작은 조각배를 타고 술 바가지와 술통을 들어 서로 권하니 하루살이가 생을 천지간에 붙임과 같고 아득히 푸른 바다에 한 알의 좁쌀과 같도다. 우리 인생이 잠깐인 것을 슬퍼하고 장강의 무궁함을 부러워하노

라. 날아다니는 신선을 끼고 마음껏 노닐며 밝은 달을 안고 오래 살다 마치려 하나, 급하게 이룰 수 없음을 알기에 여운을 슬픈 바람에 붙이노라."

소식이 말하였다. "객도 저 물과 달을 아는가? 물이 흘러가는 것이 이와 같지만, 일찍이 다 가버리지 않았으며, 달은 찼다 기우는 것이 저와 같지만 끝내 사라져버리거나 커지지 않았다. 대개 그 변하는 것으로 보면 천지도 일찍이 한순간도 그대로이지 않고, 그 변하지 않는다는 것으로 보면, 사물과 내가 모두 다 함이 없는 것인데, 또 무엇을 부러워할 것인가! 또 천지간의 만물은 각각 주인이 있으니, 진실로 나의 소유가 아니면 비록 한 털끝만큼도 취하지 말아야 할 것이며, 오직 강 위에 부는 맑은 바람과 산 사이의 밝은 달은 귀로 들으면 소리가 되고 눈으로 보면 빛깔을 이루어 취해도 금함이 없고 써도 다함이 없는 것이네. 이는 조물주의 무진장한 보물창고요. 나와 그대가 함께 즐기는 것이로다."

객이 기뻐 웃으며 잔을 씻어 다시 술을 따르는데, 안주가 이미 떨어지고 술잔과 소반이 어지러이 흩어져 있었다. 서로 더불어 배 가운데 배를 깔고 누워서 동방이 이미 환하게 밝은 줄을 알지 못하였더라.

15. 추풍사(秋風辭)

가을바람 일어나니 흰 구름이 날리도다
초목은 누렇게 지고 기러기는 남으로 돌아가네.
난은 빼어나고 국화는 향기로워
가인을 그리워하매 잊을 수가 없도다.
화려한 배 띄워 분하(汾河)를 건너는데
물 가운데를 가로지르니 흰 물결이 일구나.
소고가 울리고 뱃노래를 부르며
환락이 지극하니 슬픈 정도 많아라.
젊음이 얼마런가? 늙음을 어이하리!

권명숙

중앙대학교 사학과 졸업
전남대학교 중어중문학과 대학원에서 석사, 박사학위 취득
현재 전남대학교에서 강의하고 있다.

저서
한시, 슬픈 감성으로 가을을 읊다 (예문서원, 2015년)

공역서
中國古典名言錄 (北京 學苑出版社, 2008년)
後滄集2【(재) 한국학호남진흥원, 2020년】

교양
한문강독 漢文講讀

인 쇄 2022년 7월 20일
발 행 2022년 7월 25일

편 역 권명숙
발행인 정성택

발행처 전남대학교출판문화원
등 록 1981. 5. 21. 제53호
주 소 61186 광주광역시 북구 용봉로 77
전 화 (062) 530-0571~2
마케팅 (062) 530-0573
팩 스 (062) 530-0579
홈페이지 http://www.cnup.co.kr
이메일 cnup0571@hanmail.net

값 13,000 원

ISBN 978-89-6849-894-7 (93820)